圖解台灣
TAIWAN

圖解台灣
TAIWAN

圖解台灣
TAIWAN ｜ 07

［2015 圖解修訂版］

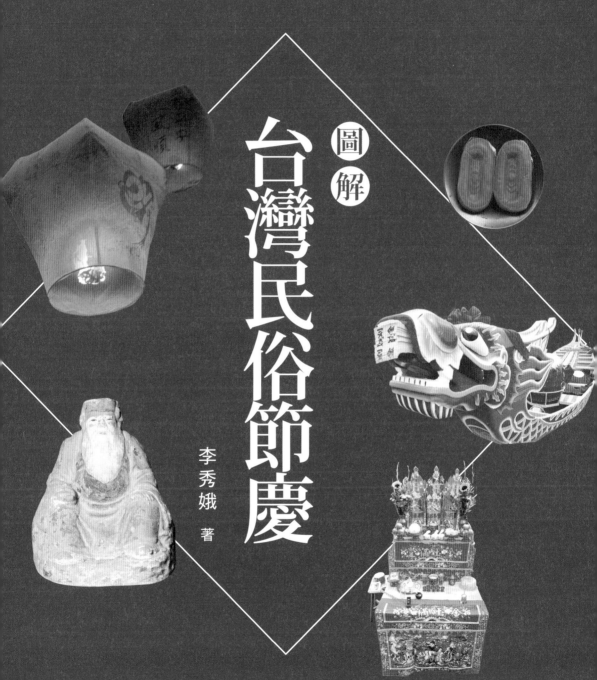

圖解

台灣民俗節慶

李秀娥 著

晨星出版

節奏起伏、張弛交錯的生活步調

　　在台灣豐富多元的民俗文化中，與常民生活最為息息相關的就屬歲時節慶。台灣漢人社會所流傳的歲時節慶，從新正到除夕的年節行事，其中包含了先民們對於時令變化的觀察與應對，也是對於日常生活節奏的調節，它們不但是先民生活智慧的累積，也是傳統社會最重要的休憩行事。而在適應自然環境的漫長過程中，台灣的漢人族群先民們也根據地域性的風土差異，逐漸調整出一套適宜在地生活的節慶行事，然後再融入祭祀、廟會等信仰活動，豐富的節慶行事與內涵，也成為台灣十分具有在地特色的民俗文化。

　　傳統漢人社會中最早的節日乃是根據四季的變化來訂立的，且是一種陰陽合曆的歲時行事，首先在陽曆的二至（冬至、夏至）二分（春分、秋分），以及四立（立春、立夏、立秋、立冬）等四時、八節的基礎下，發展成為二十四氣、七十二候，後來又加入許多陰曆的節日，諸如新正、上元、端午、中元、中秋、重陽等，甚至是神祇的聖誕活動，共同組成豐富的民俗文化內容。這類節慶行事在經年累月、周而復始的日常生活中，也調適出具有節奏起伏以及「張、弛」變化的生活步調。

古人認為不同季節的轉換之間，就好像竹子的「節」一樣，通過一個節之後就要慶祝一番，故名「節慶」。而就人類文化的觀點來說，節氣之間的過渡期間，氣候的變化當然也對於人的身心造成一定程度的衝擊，因此為了能夠順利通過此一過渡期，除了運用自然的資源如食物、草藥等來加以補強或宣洩身體之外，先民們也求諸信仰的力量來幫助「過節」，因此也使得傳統歲時節慶行事中處處可見祭祀的行為，而這類求諸天地神祇護佑的信仰行為，當然也是先民們對於天覆地載而生的感恩戴德之情懷，而這也是當今我們理解傳統歲時節慶的最主要用意。

　　李秀娥女士早年於台灣大學人類學系與研究所碩士班主修文化人類學，接受相當豐富的學術薰習並養成扎實的田野調查實力，畢業後又長年投入台灣漢人傳統民俗文化的調查研究工作，筆者在二十多年前開始進行民俗文化的觀察與研究時即時常與之合作，並間接吸收了諸多較為學術性的經驗與方法。

　　李秀娥女士近三十年來長期耕耘於台灣漢人社會的民俗文化，在生命禮俗、歲時節慶等領域方面更是累積了相當豐富的成績，這一冊《圖解台灣民俗節慶》雖然是 2004 年舊著的改版之作，但是經過十年的積澱之後也更新了許多圖文內容，再加上晨星公司編輯群的用心編排之下，不論在圖文內容或是美術編輯方面已是不可同日而語，慧眼的讀友們當然更容易洞見出其間的差別。基於內舉不避親的心情下，筆者相當欣見內子之改版新作即將付梓，也祈願喜愛傳統民俗文化的讀者們不吝惠予支持。

歲 次 乙 未 清 明 之 節

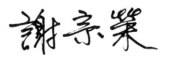

謹 誌 於 內 湖 耕 研 居

民俗節慶的傳衍與展望

　　歲月匆匆，沒想到由晨星公司於2004年出版的拙著《台灣民俗節慶》初版，距今已歷整整十年，市面上也不易買到此書了。徐惠雅主編也提議希望作者可以修訂改版，再版上市。這項提議對我而言，是項好消息，但仔細思考，也有了新的承擔與些許壓力，台灣民眾保留的歲時節慶非常熱鬧與溫馨有趣，但每逢相關節日的來臨，從南到北、從東到西，四處皆有或大或小的節慶活動在舉辦，所以若要採集相關的重要田野與圖片的拍攝，必須歷經許多年歲才能盡量網羅，所以難免有遺珠之憾。

　　所幸在傳統民俗的田野調查領域裡，有諸多民俗前輩與相關的民俗愛好者，持續地貢獻時間與心力，累積這份對台灣民俗與歲時節慶的關注。所以老朋友李燦郎的民俗圖片，對我所著作的相關書籍，貢獻良多；而外子謝宗榮長年與我共同從事宗教民俗與藝術研究的領域，不僅協助我拍攝許多重要的民俗田野影像，也教導我如何拍攝的技巧，我也在他的指導下，嘗

試著拍下一些歲時祭祀與民俗文化的圖片，所以外子他是我研究領域上亦師亦友的好伙伴，而他也願意為拙著賜序，他們是我所要特別感恩的對象。

也感謝既往中華民俗藝術基金會林明德教授的邀稿規劃「民俗藝術」叢書與李豐楙教授的賜序。也感謝晨星公司徐惠雅主編的改版提議，將本書收錄於「圖解台灣」系列的書籍內，以及執行主編胡文青和美術設計陳正桓、封面設計李一民的熱心協助改版工作，使得此書得以嶄新的風貌，重新呈現在世人眼前。

隨著相關民俗節日的到來，不論娘家或夫家的祭祀活動，或是街坊鄰居的祭祀與烤肉活動、外地的諸多祭祀慶典活動等等，都是我們蒐羅的對象。也感恩在台灣這塊土地上，有這麼多溫馨可愛的民眾，喜歡遵循傳統的歲時慶典節日過生活，不辭辛勞地奔忙著準備各式應節的供品與祭拜用品，不僅祭了自己和家人的五臟廟，最重要的是大家同心協力誠心敬獻給天地眾神，以及賑濟孤魂的那份溫馨真情，好歡度民俗慶典的冥陽兩利、幽陽同歡之心，著實令人感動。

也願大家這份對天地諸神的虔敬之心，能夠永續流傳，隨著我們每一個人的行旅足跡，散播到華人世界去，散播到世界各地去，讓不同民俗文化間可以相互交流、相互尊重、相互欣賞。也願這本集眾人協助之力，才得以完成的改版拙著，能夠受到諸位的喜歡，也讓我們夫婦在長年從事台灣宗教民俗的研究領域裡，繼續略盡一份綿薄之力。

寫於台北內湖耕研居

李秀娥

2015 年歲次乙未 · 清明

目錄

一覽立即懂

台灣的歲時節俗與農林漁牧的基本生計息息相關，不過由於地處亞熱帶氣候區域，無法完全依照傳統二十四節氣來運作，但文化習俗的傳承仍使人們的生活維持在傳統節氣的概念，並隨著不同朝代的嬗遞而發展成陰陽合曆之歲時節慶。也因此伴隨而來的許多相關的鄉土民俗藝術活動、各類傳統遊藝陣頭以及各式應節供品，皆充滿許多祈求吉慶的民俗工藝與文化之美。

從過去的朝政施令與習俗，到今日嘉年華式的民俗節慶，節令、節氣與節慶深深影響了民眾的生活作息，可說傳統民俗歲時節慶不只帶來情誼互動、撫慰人心的效應，更是一項豐富珍貴的文化資源。

新婚夫婦歸寧所攜回夫家的帶路雞禮籃有祈求子孫繁衍之意 / 謝宗榮攝

 春 令節俗 — 祈福迎春

（一）新年開正　每年的大年初一至初五，稱為「新正」。而大年初一則稱為「開正」。

（二）接神日　民間傳說農曆十二月二十四日為送神日（也有人作十二月廿三日），正月初四為接神日。

（三）開市（迎財神）　農曆正月初五到二十日之間，都是商家選擇店面於過年後正式「開市」的佳期。

（四）初七人日　正月初七這一天，是我國傳說中人被創造出來的日子，故為「人日」。

玻璃彩繪的司命灶君 / 謝宗榮攝

（五）初九天公生　每年農曆正月初九是天公生，民間俗稱的「天公」即玉皇上帝。

（六）十三添丁日、開燈　在客家人的習俗中，正月十三日為「添丁日」，又稱「開燈」或「吊燈」。

（七）上元節（元宵節）　傳說元宵節起源於漢代宮廷於正月十五日夜時京城解除宵禁，通宵達旦燈火輝煌的祭祀「太一」（泰一、太乙）天帝神的古俗而來。

正月初七人日食用七寶羹以祈吉祥 / 李秀娥攝

（八）作頭牙（土地公生）　習俗上每月的初二、十六皆是「作牙」的日子，也是祭拜土地公的日子，而二月初二稱為「頭牙」，十二月則稱為「尾牙」。

（九）犒將（犒軍、賞兵）　每月初一、十五或初二、十六皆為犒賞五營兵將守護鄉里平安的日子。

正月初九拜天公的頂桌和下桌 / 李秀娥攝

（十）清明掃墓　「清明」是二十四節氣之一，根據曆算定在每年「冬至」過後的一百零六日，也是「春分」後的第十五日，約在國曆的四月五日。

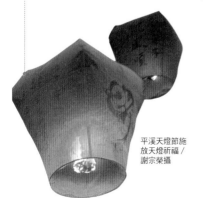
平溪天燈節施放天燈祈福 / 謝宗榮攝

百日打城祭拜 / 謝宗榮攝

犒軍祭拜時敬獻的甲馬 / 謝宗榮攝

古老的磚燒土地公 / 李秀娥攝

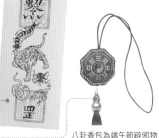
端午張貼辟邪的五毒符 / 謝宗榮攝

夏 令節俗 — 驅暑逐疫

（一）端午節　　每年陰曆五月初五，被稱為「端午節」，又稱為「重五節」、「重午節」、「五月節」、「端陽節」、「蒲節」、「天中節」。

（二）半年節　　每年陰曆的六月初一至十五日為半年節，祭祀酬謝玉皇、三界眾神之日。

（三）開天門　　六月六日的重六，民間照例也有節日，即是「天貺節」，也就是天將賜福給人間的日子。

（四）七夕七娘媽生　　每年陰曆的七月七日即「七夕」，也是民間故事傳說中織女與牛郎一年一度相會的日子。

（五）中元普度　　每年七月俗稱「鬼月」，是神明及體恤長期受幽禁之苦的孤魂滯魄（俗稱好兄弟），讓他們暫時回到人間，接受百姓的普度施食。

八卦香包為端午節辟邪物 / 謝宗榮攝

中元拜好兄弟所需敬獻的經衣 / 謝宗榮攝

補運時的改連經 / 謝宗榮攝

台南開隆宮成年禮狀元遊街前往孔廟參拜 / 謝宗榮攝

秋 令節俗 — 秋報豐收

（一）中秋節　　照古例為每年陰曆八月十五中秋節當夜行「拜月」的祭典。

（二）重陽節　　每年農曆的九月初九，俗稱「重九」，中國的陰陽曆算中又以九為「陽」，故該日又稱為「重陽節」。

重陽節食用重陽糕有祈步步高升之意 / 謝宗榮攝

冬 令節俗 — 謝神送冬

（一）下元節　　每年陰曆十月十五日為水官大帝生，有祭祀解厄之意。

（二）冬至　　冬至和清明一樣，都是二十四節氣之一，陽曆十二月二十二日或二十一日即為「冬至日」。

（三）尾牙　　習俗上每月的初二、十六皆是作牙的日子，也是祭拜土地公的日子，而二月初二則稱為「頭牙」，十二月則稱為「尾牙」。

（四）送神　　傳說每年農曆的十二月二十四日為「送神日」，民間俗稱「過小年」，也有地方習俗是以十二月二十三日送灶君或送神的。

（五）天神下降　　農曆十二月廿五日為「天神下降日」，這是相傳前一日民間送走灶神等神明上天述職後，天上會另派天神下降來到人間家庭，暫時代替灶神等監察巡視人家善惡與行事功過。

（六）除夕　　除夕在漢人的歲時節令中，是相當重要的一個大日子，因為它是歲末家人大團圓的最後日子，一早家家戶戶都在準備除舊布新，迎接新的一年到來，因此當天會在家中內外重要部位張貼春聯，增加過年的喜慶氣氛。

尾牙應節供品刈包 / 李秀娥攝

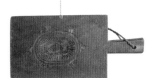
太陰星君寶像 / 謝宗榮攝

甜湯圓 / 謝宗榮攝

麵龜 / 謝宗榮攝

冬令進補「素食大補湯」的中藥材 / 李秀娥攝

烏心石製的龜粿模 / 謝宗榮攝

導言

節令、節氣
與節慶

傳統的歲時節俗,自古以來是每年循環為人們所遵循的「節令」習
俗,古代「節」有「節氣」、「年節」之意。

傳統歲時節俗的精神與傳衍

圖氣四十二

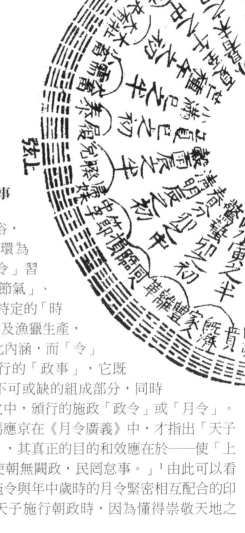

傳統月令與政事

　　傳統的歲時節俗，自古以來是每年循環為人們所遵循的「節令」習俗，古代「節」有「節氣」、「年節」之意，有其特定的「時空觀」，配合農作物及漁獵生產，形成相當重要的文化內涵，而「令」是古代王者按月所行的「政事」，它既是「王制」重要且不可或缺的組成部分，同時更是天子居於明堂之中，頒行的施政「政令」或「月令」。正因為如此，明代馮應京在《月令廣義》中，才指出「天子居明堂，以頒月令」，其真正的目的和效應在於──使「上敬慎而下信行，務使朝無闕政，民罔怠事。」[1] 由此可以看出古代天子的朝政施令與年中歲時的月令緊密相互配合的印證，在上位的聖明天子施行朝政時，因為懂得崇敬天地之

卦天先

道，所以能夠謹慎行事，而居下位的臣民效法其敬慎天地之精神，而信守奉行，自然朝政與民事皆能應天順時，君民皆不怠忽職守，國家自然走向國泰民安、安和樂利的祥和境界。

《月令廣義》中的先天卦分二十四氣圖 ／引自《月令廣義》

《月令廣義》。明馮應京撰，全書共二十四卷，卷首一卷，附錄一卷。明萬曆間刻本卷首收錄利瑪竇「山海輿地全圖」，另有「天文圖」、「二十四氣七十二候圖」等圖。內容按月令記載天文、地理與氣候等知識。

勤奮的農民依歲時月令進行春耕／謝宗榮攝

傳統歲時節俗的精神與傳衍

四 時 月 令 的 傳 衍

　　先秦時期，早自「軒轅命大撓作甲子，唐虞曆象、日
月、星辰，欽若昊天，敬授人時。」秦漢時期漢宣帝時，
丞相魏相曾經重申天地變化陰陽五行之說，強調尊天、乘
時授民事君、奉順陰陽之道的重要性，奏中一方面指出，
「天地變化，必繫陰陽，陰陽之分，以日為紀。日冬夏至，
則八風之序立，萬物之性成。各有常職，不得相干。東方
之神太昊……司春；南方之神炎帝……司夏；西方之神少
昊……司秋；北方之神顓頊……司冬；中央之神黃帝……
司下土。五帝所司，各有時也。」[2] 意思是說早在我國黃帝、
夏禹時期，已經有以天干地支之甲子計年，並且懂得夜觀
天象星辰的變化，用以訂定四季四時的記載。而秦漢時期，
則受到陰陽五行變化的宇宙觀之深刻影響，而有天地生成
變化與陰陽二氣的相生相循息息相關，而東、南、西、北、
中五帝，分掌五行、五方及春、夏、秋、冬四時，各有職司，
運作有時，此即自然之道。

　　魏相也認為，明聖之王應當「謹尊於天，慎於養之。
故立羲和之官，以乘四時節，授民事君。動靜以道，奉順
陰陽，則日月光明，風雨時節寒暑調和。三者得序，則災
害不生，……則君尊民悅，上下亡怨。政教不違，禮讓可
興。」[3] 意思是說明聖的帝王，應該懂得崇敬天地，順應陰
陽四時自然變化之道，動靜合宜，自然能夠使國家政事的
推展順應「天道」之理，而「人道」之治則亦順暢，屆時
自然災害不生，四時利濟，順應節氣，在風調雨順的情境
下，自然農事、生產、經濟也能應時而興，那麼全國自會
物庶民豐、國泰民安。

二十四節氣門神「夏至」／李秀娥攝

夏至

月令的興衰

到了漢成帝、漢哀帝時，朝政衰頹，大臣所奏月令已多違反時令，魏晉六朝時期則更簡略不精，一直要到唐代貞觀時期，才又逐漸恢復修訂四時讀令之制，至唐玄宗時，又將此命定為禮記首篇，講官每月月初，奏讀一篇，並親自迎請時氣，可見唐代天子對傳統月令政事的重視。但是到了宋代時期，因盛行程朱的理學，又改舊制，時令之制便無法施行。直到明朝建立後，特置四輔秩正三品，在禮制、禮官方面，推廣的較為弘遠。傳到清代，則多數沿襲明代之制，所以對月令禮制，統治者更視為敬天授時、治國安邦的要務。4

國人普遍追求「福慶有餘」的幸
福人生／謝宗榮攝

雞籠中元祭放水燈遊行／謝宗榮攝

原本至唐代以前仍相當重視四時月令的禮制頒布，而宋代則因理學興起，導致時令之制一度衰頹，直到明清時期，才又恢復敬天授時的月令之制的重視，禮制恢弘，可惜到了民國時期，推翻帝制，日漸採用西方的陽曆記時，以及受到西方現代化文化的薰陶，許多領導階層的菁英分子紛紛崇信西方基督宗教（如天主教、基督教），而國家的領導階層在長年捨棄傳統的歲時月令之祭拜習俗，也導致民間傳統信仰文化中，悠遠的敬天祀地、崇功報德的崇敬美德，也受到極為重大的衝擊。

台 灣 漢 人 移 民 的 節 俗 溯 源

　　而清代所編修的各類台灣方志中，如清乾隆十七年（1752）王必昌所編修的《重修台灣縣志》，亦可見到相關的年中歲時節俗之簡短介紹，其主要內容則參考清乾隆元年（1736）黃叔璥的《台海使槎錄》而來。在王必昌編修的《重修台灣縣志》卷十二〈風土志〉載：「正月元旦，家製紅白米糕以祀神，於五鼓時拜賀親友，越四日，備牲醴禮神。上元節多延道士諷經，謂之誦三界經。亦有不用道士，而自備饌盒禮神者。是夜，門首各懸花燈，別有善歌曲者，數輩為伍，製燈如飛蓋狀，一人持之前導，行遊市中，絲竹雜奏，謂之鬧傘，更有裝故事向人家作歡慶之歌，主人亦厚為賞賚。大抵數日之間，煙花火樹，在在映帶，簫鼓喧鬧。十六日，各市廛競饜酒肉，名曰頭壓（筆者按：頭牙）。自是月以為常。臘月既望，踵而行之，名曰尾壓（筆者按：尾牙）。二月二日，各街里舍逐戶鳩資演劇，為當境土地神祇慶壽，名曰春祈福。三月三日，採鼠麴草合米粉為粿，以祀其先，謂之三月節。清明十日前後，各家祀祖掃墳，邀親友同往，輿步壺漿，絡繹郊原。祭畢，藉草啣悲，薄暮乃歸。五月五日清晨，然（筆者按：燃）稻梗一束，

萬華龍山寺觀音花燈／
謝宗榮攝

傳統歲時節俗的精神與行

一七

向室內四隅薰之，用楮錢，送於路旁，名曰送蚊。門楣間懸薄艾兼插禾稗一莖，謂可避蚊蚋；榕一枝，謂老而彌健。彼此以西瓜、肉粽相饋遺。好事者於海口淺處用錢或布為標，三板漁船爭相奪取，勝者鳴鑼喝采，土人亦號曰鬭龍舟。午時，為小兒女結五色縷，男繫左腕，女繫右腕，曰神鍊。三月盡，四月朔望，五月初一至初五日，各寺廟於海岸各船鳴鑼擊鼓，名曰龍船鼓。謂主一年旺相。六月一日，各家雜紅麴於米粉為丸，名曰半年丸。七月七日，士子以為魁星降靈，多備酒肴歡飲，村塾尤盛；又呼為乞巧節，家供織女，稱曰七星孃。紙糊綵亭，備花粉香酒飯，命道士獻畢，將端陽男女所結絲縷剪斷，同花粉擲於屋上，以黃豆煮熟，洋糖拌裹，及龍眼、芋頭相贈貼，名曰結緣。十五日，作盂蘭會。數日前，好事者釀金為首，延僧眾作道場，將會中人年月生辰列疏；又搭高臺，陳設餅餌果品，牲牢堆盤二三尺，至夜分同羹飯施餤口，謂之普度。供畢，縱貧民上檯爭相奪取，每釀事端。比年官為禁止搭檯，始於各家門首設供，風俗為之一靖。更有放水燈者，頭家為紙燈千百，晚於海邊燃之。頭家數人，各手放第一盞，或捐中番錢一，或減半，置於燈內；眾燈齊燃，沿海漁船爭相攫取。沿戶或三五十家為一局，張燈結綵，陳設圖畫、玩器，鑼鼓喧雜，觀者如堵。二日事畢，命優人演戲以為樂，謂之壓醮尾，月盡方罷。中秋祭當境土地，張燈演戲，與二月二日同，春祈而秋報也。是夜，士子群集讌飲，山橋野店，歌吹相聞。重陽為登高會，童子競放風箏，如鳶、如寶幢、如八卦河洛圖，縛小籐片，能因風作響。唯夜或繫燈其上，官禁之。冬至家作米丸，謂之添歲；即古所謂亞歲也。門扉器物，各黏一丸，謂之餉耗。是日，長幼祀祖賀節，略如元旦。十二月二十四日，各家掃塵。凡寺廟人家，各備茶果牲體，印刷幢幡、輿馬、儀從（筆者按：為金紙雲馬或甲馬），於楮上焚而送之，名曰送神。二十五日，相傳天神下降之日，各家齋沐焚香，莫敢狎褻。除夕前數日，以各種生菜沸水泡貯甕內，以供新歲祭

台北市國際龍舟錦標賽奪標競渡 / 謝宗榮攝

基隆中元祭水燈緩緩飄遠招引水面孤魂接受普施 / 謝宗榮攝

祀之用，名曰隔年菜。是日，殺黑鴨祭神；作紙虎，口內
實以鴨血或豬血生肉，於門外燒之，以禳除不祥。」[5] 我們
由此也可以看出許多台灣清代初期傳衍以來的歲時節俗，
仍有許多基本的習俗流傳迄今。

鼠麴粿 / 謝宗榮攝

甲馬／謝宗榮攝

台灣國際觀光節慶

　　所幸台灣逐漸在國際上一片文化尋根熱潮的長年影響下，也日漸重視本土化的文化根源的保存與傳衍，而具有傳統歲時節令意義的節日，也因為保存相當多的文化傳統與習俗，可凝聚地方鄉里居民與信仰聚落及廟宇間的濃厚互動情誼，在人際關係日益疏遠的現代化都會文化中，尤顯得可貴。因而文化部（昔為行政院文化建設委員會）及地方各縣市政府的文化單位、交通部觀光休閒單位等，也日益重視傳統民俗歲時節慶所帶來的豐富珍貴的文化資源。

北天燈・南蜂炮。平溪天燈與鹽水蜂炮是台灣兩大年俗節慶。天燈除有通報平安之意，也慢慢轉變為祈求吉祥的觀光活動，一般人會在天燈上書寫新年願望，成為向上蒼許願的「祈福燈」；蜂炮傳說原為驅瘟疫疫，如今也已轉變為國際觀光祭典，生意人也相信火炮放越大越能「發」，因此炮城也越蓋越大。

台南榮芳所印製的古版七娘媽神禡／謝宗榮攝

台灣國際觀光年曆中的傳統民俗節慶

元宵民眾聚集平溪施放祈福天燈／謝宗榮攝

鹿港龍王祭龍舟遊街／謝宗榮攝

台南孔廟明倫堂／胡文青攝

二月

新北市平溪天燈節
每年/02/22～03/05

高雄燈會藝術節
每年/02/21～03/15

苗栗火旁龍系列活動
每年/02/27～03/07

六月

鹿港慶端陽系列活動
每年/06/20(端午節前夕)

台南市國際龍舟錦標賽
每年/06/20(端午節前夕)

九月

「全台首學──鐘鼓尊禮」孔廟文化節
每年/09/28

十月

高雄左營萬年季
每年/10月

迎王平安祭典
三年一科
(2015/10～12月)

東港迎王的王船出澳／
謝宗榮攝

三月

台灣慶元宵——鹽水蜂炮
每年/3月(農曆1月15日)

台灣燈會
每年/03/05～03/15

高雄內門宋江陣
每年/03/28～04/07

四月

大甲媽祖國際觀光文化節
每年/4月

七月

花蓮原住民聯合豐年節
每年/7月

八月

雞籠中元祭
每年/8月(農曆七月一日起)

全國義民祭
每年/8、9月(農曆七月二十日中元節期間)

恆春古城國際豎孤棚觀光文化活動
每年/8/28(農曆七月十五日中元節)

頭城搶孤民俗文化活動
每年/9月(農曆七月底,已停辦)

十一月

賽夏族矮靈節
兩年一次(2016年11月底)

十二月

卑南族跨年祭
每年/12/24～隔年/01/01

宜蘭頭城搶孤中巨大孤
棧(右)與飯棧(左)
/謝宗榮攝

傳統曆法

　　歲時節俗是我國文化中相當獨特，且屬於「非常性」生活的一部分，可說是累積了先民數千年來的生活智慧，而傳承下來的文化精華，也是生活與文化密切結合的表徵。台灣民間的歲時節俗，主要是以閩、粵（福建、廣東）一帶流傳的習俗為主，凝聚了泉、漳、客籍人士之習俗；其後又因應本地的自然、人文條件，而具有台灣「在地化」的特色。因此除了作為早期農業社會生活核心的二十四節氣之外，更融入了各種全島性神明與區域性鄉土守護神的聖誕，使得台灣的歲時節俗不只是單純的民間節俗，而是與漢人傳統歲時節俗及台灣信仰文化的傳統息息相關。

二十四節氣門神「雨水」、「清明」／李秀娥攝

中國曆法可遠溯殷商時代，中曆依四季寒暑定年，以冬至為歲元，即一年的初始，從冬至到下一個冬至為一歲；日月合朔定月，即月初無月、月牙至滿月、再逐漸月缺，而到下一個無月之日，以朔旦為月首從合朔到合朔為一月；一晝一夜為日，周代以前以天明為日首，漢以後以夜半為日首。故年為回歸年（太陽年），月為合朔月（朔望月或太陰月），日為太陽日，屬陰陽合曆。殷曆以干支紀日，太陰紀月，太陽紀年，用十九年七閏的章法；殷曆採「四分術」，即定歲實（回歸年或太陽年）的長度為三百六十五又四分之一日。秦漢初沿襲前朝，至漢武帝改頒太初曆，具備後世曆法的各項主要內容。[6]

二十四節氣門神「寒露」、「冬至」／李秀娥攝

天干地支、十二生肖與月令的關係

所謂傳統的天干地支記年月日時與十二生肖之對應如下所示：

十天干	甲乙丙丁戊己庚辛壬癸
十二地支	子丑寅卯辰巳午未申酉戌亥
十二時辰	子（半夜十一點至凌晨一點）丑（凌晨一點至三點）寅（凌晨三點至五點）卯（凌晨五點至七點）辰（上午七點至九點）巳（上午九點至十一點）午（上午十一點至下午一點）未（下午一點至三點）申（下午三點至五點）酉（下午五點至七點）戌（晚上七點至九點）亥（晚上九點至十一點）
十二月	寅（一月、端月、虎）卯（二月、花月、兔）辰（三月、桐月、龍）巳（四月、梅月、蛇）午（五月、蒲月、馬）未（六月、荔月、羊）申（七月、瓜月、蘭月[或巧月]、猴）酉（八月、桂月、雞）戌（九月、菊月、狗）亥（十月、陽月、豬）子（十一月、霞月[或葭月]、鼠）丑（十二月、臘月、牛）

表一：十二月令與生肖對照表

二十四節氣之歌

　　中國傳統歲時節氣的制定主要是由古代先聖與官方的天文曆算學家觀測天象和四季氣候與萬物的變化，以配合百姓的農、漁、牧等生計之進行而形成。如《尚書・堯典》中記載：「欽若昊天，歷象日月星辰，敬授人時」、「日中星鳥……以殷仲春；日永星火……以正仲夏；宵中星虛……以殷仲秋；日短星昴……以正仲冬。」[7] 意即帝堯時期，已有根據浩瀚的天意，所呈現的日月星辰等天象的變化，而授與人們春、夏、秋、冬四時定制日時作為生活農事生產的主要依據。

　　發展到了戰國時期已有歲星紀年的說法：「歲取星行一次，年取禾更一熟」，所謂歲星即木星，因其每十二年便越歷二十八宿，正好繞天一周，後來又假設有太歲是與地面反向運行。到漢代《淮南子・天文訓》因承繼前人的說法，並訂出二十四節氣：即是「立春、雨水、驚蟄、春分、清明、穀雨、立夏、小滿、芒種、夏至、小暑、大暑、立秋、處暑、白露、秋分、寒露、霜降、立冬、小雪、大雪、冬至、小寒、大寒」。

　　根據前人研究發現，戰國時的節氣是用平氣，即把一個回歸年，即一歲（由冬至日到次一個冬至日）平分二十四等分，約十五日餘。此時正好「五日一候、三候一氣、六氣一時、四時一歲」，而一歲有二十四氣、七十二候。而歷來傳說上古時「炎帝分八節」，炎帝（神農氏）所分的八節即指二十四節氣中的「二分、二至、四立」這八天。漢朝以前這八天為天子至百姓間相當重要的祭祀日，即「冬至祭天，夏至祭地，春分祈日，秋分祈月，立春迎春，立夏迎夏，立秋迎秋，立冬迎冬。」[8] 這些歲時節氣的制定，歷來經由官民的共遵共守，千百年來深刻影響漢民族的工作與休閒，成為生活中「常與非常」相間隔的一種節奏、韻律，從而構成中式的節俗。

　　自古流傳有陰曆的二十四節氣歌，歌詞內容為：

二十四節氣與陽曆時間。 小寒（陽曆 1 月 5 ～ 7 日 ）；大寒（陽曆 1 月 19 ～ 21 日 ）；立春（陽曆 2 月 3 ～ 5 日 ）；雨水（陽曆 2 月 18 ～ 20 日 ）；驚蟄（陽曆 3 月 5 ～ 7 日 ）；春分（陽曆 3 月 20 ～ 22 日 ）；清明（陽曆 4 月 4 ～ 6 日 ）；穀雨（陽曆 4 月 19 ～ 21 日 ）；立夏（陽曆 5 月 5 ～ 7 日 ）；小滿（陽曆 5 月 20 ～ 22 日 ）；芒種（陽曆 6 月 5 ～ 7 日 ）；夏至（陽曆 6 月 20 ～ 22 日 ）；小暑（陽曆 7 月 6 ～ 8 日 ）；大暑（陽曆 7 月 22 ～ 24 日 ）；立秋（陽曆 8 月 7 ～ 9 日 ）；處暑（陽曆 8 月 22 ～ 24 日 ）；白露（陽曆 9 月 7 ～ 9 日 ）；秋分（陽曆 9 月 22 ～ 24 日 ）

春雨驚春清穀天，
夏滿芒夏暑相連；
秋暑白秋寒霜降，
冬雪雪冬小大寒。

　　也有第三句寫為「秋處露秋寒霜降」的。而陽曆的「二十四節氣歌」[9]則為：

一月大寒隨小寒
立春雨水二月至
三月驚蟄又春分
清明穀雨四月過
五月立夏望小滿
芒種夏至六月到
七月大暑接小暑
立秋處暑八月過
九月白露又秋分
十月寒露霜降臨
立冬小雪農家閒
只等大雪冬至過
上半年是六二十一
下半年來八二十三

　　以農立國的漢民族，自古以來便依賴二十四節氣的時序運作而進行農事蔬果漁獵的耕作與收穫，因此流傳有「五穀豐歉詩」，道出農民仰賴天時農作的豐收或歉損的甘苦。「五穀豐歉詩」的內容如下：

立春落雨到清明，一日落雨一日晴。 立春通常在陽曆的2月3～5日，是一年春季的開始，依老祖先的經驗，若立春這天下雨，那麼代表今年的春季氣候多為濕冷，雨季會持續到清明。

清明穀雨，寒死老虎母。 在此時節生長的萬物，皆清潔而明淨，所以稱為「清明」。至於民俗方面，相傳始於古代帝王將相「墓祭」之禮，後來成為民間掃墓、祭祖、郊遊的節日，並延續至今。清明穀雨兩節氣雖近春天尾聲，但寒氣仍可發威，不可不注意保暖。

立春最喜晴一日，元旦景雲光齊天。
雨水連綿是豐年，農夫不用力耕田。
驚蟄雷鳴未足奇，月內相逢三卯日。
春分有雨病人稀，豆麥棉蠶處處宜。
清明風若從南起，預報田禾大有收。
穀雨相逢初一頭，只憂人民疾病愁。
立夏東風少病遭，時逢出六果成多。
小滿甲子庚辰日，寄生蝗蟲少稻禾。
芒種逢雷美亦然，端陽有雨是豐年。
夏至風從西北起，瓜菜園內受風災。
小暑之中逢酷熱，五穀田禾多不結。
大暑若不逢災危，定是三冬多雨雲。
立秋無雨最堪憂，萬物從來只收半。
處暑若逢天下雨，縱然結實亦難留。
白日秋分多晴氣，處處歡樂好晚禾。
秋分只怕雷電閃，冬來米價貴如何。
寒露霜飛侵害民，重陽無雨一冬晴。
霜降月紅人多病，更遇雷鳴米價增。
立冬之日怕逢壬，來歸高田枉用心。
小雪若逢壬子日，小民又受病災臨。
初一西風盜賊多，更兼大雪有災難。
冬至大陰無日色，來年定唱太平歌。
朔日西風六畜災，綿絲五穀總成堆。
最喜大寒無雨雪，下武農夫大發財。

立夏小滿，雨水相趕。

夏天開始，萬物生長也開始了，這時節的昆蟲甦醒，病蟲害也蠢蠢欲動，春天播種的蔬果穀物正冒出新芽。此時也提醒農民，即將進入雨季，須做好排水防備，以免作物被過多雨水淹爛。

夏至，風颱就出世。

夏至此日，太陽直射北回歸線，北半球白晝最長、日影最短，過了這天，白晝即漸漸縮短。台灣方志中有關航海風信的記載即謂「夏至後有北風，必有颱」，颱風為熱帶氣旋，主要生成於西北太平洋及南海。台灣因東臨太平洋，每年夏季七至十月多颱風。

由於我國文化中歲時節俗與民眾農漁牧的基本生計息息相關，且民眾的基本生計與生命禮俗中的婚喪喜慶等事件，皆需參考官方頒定的曆法及民間擇日地理師所用的《選擇通書》（一般簡稱為《通書》）、民間慣用的則是較為簡易的「農民曆」，根據其中所記載的日時方位宜忌諸原則，再決定如何行事。又因我國信仰文化淵遠流長，隨著不同朝代的嬗遞而發展成陰陽合曆之歲時節慶。在台灣雖然由於地處亞熱帶氣候區域，農耕作息自然無法完全依照中原的二十四節氣來運作，但文化習俗的傳承仍使人們在運用農民曆的行為中，維持傳統節氣的概念，並影響台灣人的年中作息。

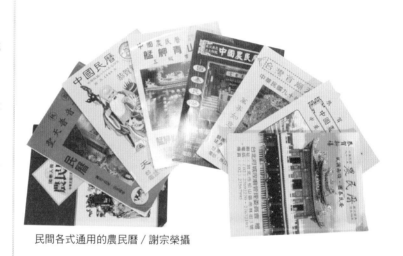

民間各式通用的農民曆／謝宗榮攝

與 節 氣 息 息 相 關 的 民 俗 節 慶

伴隨著各項歲時節慶的進行，而有許多相關的鄉土民俗藝術活動，如不同節慶中豐富的各式應節供品，例如年糕、發粿、紅龜粿、紅牽、壽桃、糕點、春捲、刈包、粽子、湯圓、雞母狗仔等，尤其是糕粿上的傳統民俗圖案，是由木製粿模所印製，充滿許多祈求吉慶的民俗工藝圖案之美。

民間常見的龍陣 / 謝宗榮攝

　　每逢歲時節慶，偶有各類傳統遊藝陣頭熱情參與遶境遊行，各式各樣結合傳統與創新的遊藝陣頭紛紛出籠，例如南管、北管、獅陣、龍陣、宋江陣、神將陣、鬥牛陣、高蹺陣、車鼓陣、跳鼓陣、蜈蚣陣、藝閣等，展現傳統民俗音樂與戲劇的表演精華，加上刺繡功法精湛的傳統服飾、裝飾等，在在為我們提供一個欣賞鄉土藝術的民俗園地。而近代民間廟會活動也多加上電音或 Q 版的三太子、神偶的參與民俗節慶，也為傳統民俗節慶活動帶來一股新氣息。

　　而在歲時節俗中，也有難得的民俗工藝展示機會，例如新春期間的春聯、門神或財神的年畫、五福門籤等春貼。元宵節的各式精彩絕倫的花燈秀與花燈展。端午節各式傳統或新穎的香包、雕刻精美的龍舟。七夕精美的紙糊七娘媽亭。中元普度廟普時，廟方所提供滿足民俗欣賞趣味的看牲、看桌（有各式山珍海味）；或是廟前廣場上所豎立的紙糊大士爺（或普陀岩）、紙糊山神土地以及護壇神將等；或是

烏心石製的龜粿模 / 謝宗榮攝

霜降，風颱走去藏。秋季的最後一個節氣，氣候逐漸變冷，露水有可能結成霜。台灣在此時節常有迎王船、燒王船做醮的民俗活動，大抵是送走瘟疫、使遊魂有所依歸的習俗。

冬至暝，夏至日。冬至的夜晚是一年之中最長的一夜，夏至則是白天最長的一天。冬至暝也另稱「作冬節」，這天會以湯圓祭神，象徵闔家團圓。

主持普度科儀道壇的神像掛軸、刺繡品、道士服；以及祭
典中敬獻的各類金銀紙等，無不充滿民俗印版藝術，反映
我國文化中豐碩的鄉土民俗藝術精華。

2014 年南投
台灣燈會中
璀璨的「珍
禽爭豔」花
燈展／李秀
娥攝

看桌／謝宗
榮攝

註 釋

1.　李永匡、王熹，1995，《中國節令史》，台北：文津出版，頁 27-28。

2.　李永匡、王熹，《中國節令史》，頁 29。

3.　李永匡、王熹，《中國節令史》，頁 29-30。

4.　李永匡、王熹，《中國節令史》，頁 30。

5.　引自清・王必昌編修，1993，《重修台灣縣志》（台灣文獻叢刊一一三）中研院漢籍
　　電子文獻，頁 398-399。

6.　呂理政，1990 年，《天、人、社會》，台北：稻香出版社，頁 13-14。

7.　漢・孔安國傳，唐・孔穎達疏，1981，《尚書・堯典》注疏卷第二，《十三經注疏》
　　1，台北：藝文印書館，頁 21。

8.　馬以工，1991，《中國人傳承的歲時》，台北：十竹書屋，頁 18-19。

9.　「陰曆二十四節氣歌」單字訣，每年由「立春」起計；「陽曆」從一月始，上半年是六、
　　廿，例如一月的四、五、六，至月中十九、廿、廿一這三天內，乃節氣的交替，下半
　　年就係六月的六、七、八，到廿一、廿二、廿三了，用這兩組數字，便於押韻。

祭祀須知

從事祭拜前的
基本用品之認識與需求

祭祀拜拜怎麼拜？該拜什麼對象？位置怎麼站？時間怎麼拿捏？該
準備什麼用品與供品？

「祭祀須知」幫您拜拜照步來。

從事祭拜行動前應有的基本認知

在台灣傳統的漢人民俗信仰中，由於各項祭拜的禮俗非常複雜，會隨著人、事、時、地、物等因素的不同而有所差異；為因應相關歲時節俗的祭拜活動，有一些事項與原則便需加以注意，可分為祭拜者身分、祭拜目的、祭拜對象、祭拜時間、祭拜空間、祭拜物品等六項，拙著《圖解台灣傳統生命禮儀》中曾詳細說明，在此僅作簡略說明：

祭拜者身分

一般的祭拜活動中，對於祭祀者的身分有一些禁忌必須注意。如：家中有喪事者，未正式解除喪事的不潔淨前（通常為一年），不要到廟宇參與祭拜活動或觸摸廟中的法器、祭祀用具等。此外，有月事的婦女、坐月子期間的產婦，因為經血或產血是不潔的，也不要到供奉男性神的廟宇中走動。我國某些民間習俗有「男不拜月，女不祭灶」之慣例，意即女性雖然長年在廚房煮食幫忙，但卻不拜廚房灶君，傳說灶君為美男子，男女授受不親，故灶君皆由男性祭拜；而拜月娘向來皆由女性祭祀，男性則不拜月，以免褻瀆月神。

裔孫新年向祠堂列祖列宗上香／李秀娥攝

祭 拜 目 的

在祭拜目的方面，大致可區分為：許願消災祈福（如本身或孩子生病向神明許願、祈求事業興隆）、還願叩謝神恩（如身體康復、順利長大成人甚至結婚生子、財源廣進）、驅邪祭改（如新春到廟宇補運祭改、祭改過關限）等。

若是屬於祈福的祭祀目的，則祭祀活動可大可小，過程進行也較為祥和吉慶；若屬驅邪祭改的祭祀目的，儀式過程有的處理起來動作較為激烈，因為要與邪煞搏鬥，得藉陽剛的神明的威赫力，以更高強的法力收服之，或是透過溫柔婉約的女性神（如夫人媽）的耐心勸說。

祭拜形式有分集體性祭拜（如農曆七月中元普度時參與廟普）和個人性祭拜（如過年過節祭拜神明、祖先、地基主等）兩類，祭拜的形式不同，所舉行的祭祀空間與排場也隨之不同。然而不論何種形式，其祭祀目的大體仍以「趨吉避凶」、「驅邪納福」為前提。

祭 拜 對 象

在祭祀活動中，隨著不同的祭拜對象，祭拜的時間與

台北關渡宮祈安禮斗安泰斗首斗燈／謝宗榮攝　　代表三官大帝（三界公）的紙糊燈座／李秀娥攝

祭拜空間的陳設與祭拜物品也不同。通常會依神祇的神格高低、主從等，如：敬祀萬神之尊的玉皇上帝和三官大帝時，皆以天界最高神的方式敬奉，態度敬畏而疏遠；若屬其他神明，則依中等尊貴方式敬祀，態度是敬畏但稍微親近；若是祖先或地基主，則以近於人間長輩的方式敬奉；若屬鬼眾（民間俗稱「好兄弟」），則視之為卑下，以疏遠、打發或是籠絡、討好的方式對待[1]。

祭 拜 時 間

漢民族對於歲時節俗的祭祀大事，多著重於選擇吉日吉時舉行，專業的宗教執事人員多會根據《通書》，民眾則根據《農民曆》上所記載的宜忌原則，擇定吉日吉時行事。但在祭拜時間上，對於愈尊貴的天神，採時辰愈早的陽時；對於較低下的鬼眾，則在過午或較晚的陰時舉行祭拜活動，例如：祭祀玉皇上帝、三官大帝時，多於一天起始子時；祭拜大多數的神明，多在上午；而拜陰鬼類的好兄弟，則必定在過午時之後。

芝山巖四角頭慶讚中元放水燈前先至同歸所上香稟告／謝宗榮攝

祭 拜 空 間

隨著不同的祭拜對象的尊卑與祭祀目的會有不同的祭拜空間，如：祭祀玉皇上帝、三官大帝時，會特別選在廟埕或中庭向天處，布置頂桌與下桌（俗稱頂下桌或前後桌），分別敬祀玉皇上帝及其隨從部屬神，然而也有民間的習俗，僅以一張桌子來敬獻尊貴的天公，但桌腳仍會加墊金紙（壽金或刈金），以示尊崇；至於敬祀其他神鬼時，只要布置一張供桌即可。

又敬祀神祇或祖先時，神明彩中神明位於正廳龍邊（左），祖先位於正廳虎邊（右），亦符合龍尊虎卑、左尊右卑的傳統方位觀（但金門地區例外，祖先神置於龍邊）。至於客家人的習俗，相當重視祖先神，中堂只單獨設祖先牌位來供奉，而神明廳則另擇其他空間來供奉。

供奉卑下的好兄弟或地基主時，則將供桌設於前後門門口處或地上即可；且拜好兄弟時向外拜，不希望祂們常來打擾，俗稱「拜門口」；拜地基主為《禮記・月令》記載的古代五祀，鄭玄注：「門、戶、中霤、灶、行」之五祀中霤的遺俗，台灣有的又稱地靈公、地靈婆，拜地基主時則向屋內拜，因為他們代表開發居住地的原始地靈，一直與我們人類的居住平安、運途康順有關。大家多避免觸怒祂們，引來作祟致使家運不順。

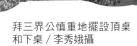

拜三界公慎重地擺設頂桌和下桌／李秀娥攝

祭 拜 物 品

祭拜對象神格的尊卑主從，所敬獻的物品也不同，如敬獻給尊貴的玉皇上帝和三官大帝時，需準備頂桌和下桌，頂桌以清素齋品為主，下桌是準備生的、全副（未經煮熟且完整）的牲禮，如全豬、全羊等敬獻給其隨從神祇[2]。有的因受佛教不殺生的影響，特別準備素麵豬、素麵羊代替。

其他節日敬獻神祇時則以三牲、五牲為主，也有以素三牲、素五牲來敬奉的。至於敬獻祖先時，以平常煮熟的

飯菜為主；祭拜好兄弟時，則用更簡單的菜飯或生的食物充作供品即可，但若逢中元節，則會敬祀更加豐盛的供品或熟食來拜好兄弟。

上元拜三界上疏文 / 李秀娥攝

用 品 篇

　　傳統漢人的歲時節俗中，民眾常祈求神明和祖先的慈悲護佑，在祭祀文物中包括基本的祭祀用具、敬獻的各式供品，以及金銀紙類，為清楚介紹傳統台灣漢人的祭祀用品，茲以祭祀用具、供品、金銀紙三大類介紹於下。

祭 祀 用 具

　　在一般歲時節俗的祭祀活動中，基本的祭祀用具，如祭祀對象分為具體形象的神祇或無具體形象的神祇，即以「紙糊燈座」（天公座、三界公座）象徵天公或三界公。供具尚有：祝禱的「香柱」、插香的「香爐」、祈求指示的「筊杯」（或銅錢）、增添光彩的「燭台」或「燈座」、敬獻茶酒的「薦盒」，裝置香花的「花瓶」，以及「供桌」（八仙桌）、「桌裙」（桌帷）等。上香的原則，可向神祇（三柱、一柱）或向新亡的祖先上香（一柱或兩柱），有說新亡屬陰，故上二柱香；但亦有人主張所謂兩柱香是上佛祖一柱香（或三柱）、上亡魂一柱香，故為兩柱。

祭祀先人的飯菜／李秀娥攝

供茶木薦盒／謝宗榮攝

拜天公供桌大觀

閩南語俗稱的「三界公」即三官大帝，是道教中掌管天界、地界、水界三界之神，稱為「天官」、「地官」、「水官」。在戶外以紙糊燈座象徵天公或三界公，所以又稱「天公座」或「三界公座」。

三界公燈座／李秀娥攝

金紙

天公金包括天金、大箔壽金、壽金、刈金、福金、高錢（長錢）等，其中高錢可撕開拉成長條狀，掛於頂桌旁。

桌裙（桌帷）

以豐富的刺繡工藝色彩展現喜氣。

筊杯（或銅錢）

祈求神明指示的祭祀用具。

花瓶

供敬獻香花使用。

香爐

上香的爐具，頂下桌皆有安置。

高錢

一般在頂桌兩旁可加掛高錢（又稱長錢）垂在兩側。

三茶五酒

頂下桌各備清茶三杯、清酒五杯供奉神明。

香柱

敬神禮佛手持的祭祀用具。

燭台或燈座

燃燭或點燈以增加光明。

法鐘

道士作法事的法器，頭尖的山形造型象徵三清，又有三清鈴、帝鐘、法鈴、鈴書等名稱，俗稱師公鈃或鈃仔。

供桌（八仙桌）

又稱為拜桌，方形四邊，每邊可坐二人，圍坐則有八人，所以民間俗稱八仙桌。

拜天公頂下桌 / 李秀娥攝

供品

　　歲時節俗的民間祭祀中，為表達虔篤敬神，皆會準備各式供品祭拜，祈求許願、應驗後，便會敬備相關的供品叩謝神恩，民間準備供品祭拜神祇的行為，也隱含著傳統「報謝」的原則。

　　至於民間在歲時節俗的祭拜活動中，所準備的供品相當多元，在此僅介紹最基本的部分，其內容大致如下：

牲禮

五牲

全豬或豬頭尾（用豬頭需附豬尾，象徵全豬）、雞、鴨、魚、蝦（可用豬肚、豬肝）。五牲的擺法不同，豬擺中間為「中牲」，雞鴨擺兩側為「邊牲」，魚蝦擺後面為「下牲」或「後牲」。

［用途］主要用於祭拜玉皇上帝、三官大帝等尊貴神明；通常也用於婚喪祭典、還願酬神等。

四牲

一大條豬肉、全雞、全鴨（或鴨蛋）、一味海鮮（如蝦、蟳、蝦捲、乾魷魚）。四牲的擺法：豬肉、雞居中間，鴨和海鮮擺兩側。

［用途］可用於喜慶、歲時祭祀或神誕。因「四」為偶數，故喪事忌諱用四牲；又「四」在民間被視為同「死」，故一般少用之。

五牲 / 李秀娥攝

三牲

五牲中任選三種,通常為豬肉、全雞、魚(或全鴨)。三牲的擺法:面對神明,豬肉為中牲,左大為雞、右小為魚。一般同安人將雞頭、魚尾向著神明,漳州人則將雞頭、魚頭擺向神明。

[用途]用於祭拜一般神明,或是新墓完工謝后土、敬祖先時。

三牲 / 李秀娥攝

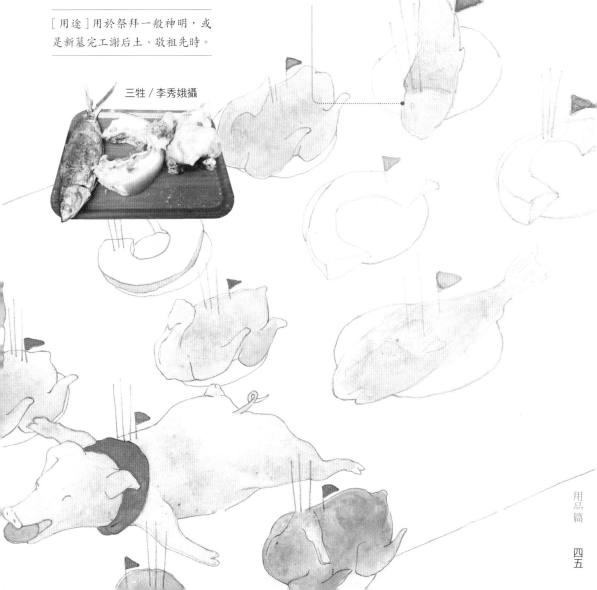

小三牲

一小片豬肉、雞蛋、魚;或豬肉、麵干、豆干。豆干有取閩南語諧音「大官」之意。

[用途]用於消災厄謝外方(指遊方亡魂)、犒將、喪禮路祭。

小三牲 /
李秀娥攝

祭祀先人的飯菜 / 李秀娥攝

菜飯（五味碗）

即家常菜餚，1.祭祖時：以切盤的豬
肉、雞、鴨、魚等，加上烹煮的菜餚，
合成十道或十二道，再供上主食米飯
或麵條。2.祭鬼時：較不講究，用白
米飯、六碗菜餚、水酒即可。

［用途］用於祭祀祖先、孤魂滯魄。

菜碗（齋碗）

即乾料或素菜，如香菇、金針、豆皮、
木耳、紅豆、黃豆、花生、海帶、豆干、
蘑菇、芋頭、麵筋、素雞等。可備六
齋、十二齋、二十四齋、三十六齋。
其中亦有講究者會特別準備寓含五行
的齋碗，木耳—木、香菇—火、花生—
土、金針—金、冬粉—水。或可六乾
六濕、六鹹六甜。

［用途］用於祭祀佛教神佛，如釋迦牟尼佛、
觀世音菩薩、彌勒佛；或道教尊貴的玉皇上
帝、三官大帝時之頂桌。

十二齋碗 / 謝宗榮攝

祭祖飯菜 / 李秀娥攝

粿

紅牽 （牽仔粿、乾仔粿）

類似紅龜粿，餡為甜綠豆或紅豆。粿面印有古錢連貫的紋路，亦有象徵男性陽具之說，故稱「乾」，或說代表祭天之物，故為乾。

[用途] 用於天公生、作十六歲拜天公或結婚拜天公、拜三官大帝時。

紅牽（紅乾）／李秀娥攝

菜頭粿

以在來米漿和煮爛的蘿蔔絲、蝦米、香菇等製成。

[用途] 祀神、祭祖先。

紅圓

麵粉為皮，餡為甜綠豆或紅豆。製成圓形，上面加一顆小圓點，形似女性的乳房。

[用途] 用於天公生、作十六歲拜天公或結婚拜天公、拜三官大帝時。

丁仔粿

純糯米搓揉而成小長條形，外表染紅，狀似男性生殖器。

[用途] 用於清明祭祖、培墓時。

龜粿

依製作成烏龜形狀的材料不同，而有紅龜粿、紅片龜粿、麵龜、麵線龜、米糕龜等。

[用途] 用於元宵乞龜、祝壽祭祀或求長壽的祝禱。

丁仔粿／謝宗榮攝

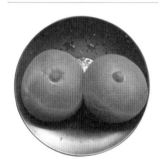

紅圓／李秀娥攝

芋粿

以芋頭和在來米合製而成。

[用途] 祀神、祭祖先。

紅龜粿／李秀娥攝

桃形粿

外表呈桃狀的粿。

[用途] 用於小兒作四月日（小兒滿四個月）時分贈親友。

壽桃

麵粉為皮，紅豆沙或綠豆沙為餡，製成桃狀，外表染成粉紅色。

[用途] 用於壽辰、神誕。

壽桃／謝宗榮攝

甜粿

糯米粿粉團中加上砂糖，
造形多半大而圓。

［用途］多用於過年祭祀、神誕。

發粿

以在來米粿團製作而成。

［用途］祭神、祀祖、安神位等。

鼠麴粿

又稱鼠殼粿、鹹龜粿，糯
米粿皮，內摻鼠麴草或艾
草，呈墨綠色或黑褐色，
內包碎豬肉、蝦米、蘿蔔
絲乾等。

［用途］用於祭祖、清明掃墓。

甜粿和發粿／謝宗榮攝

鼠麴粿／謝宗榮攝

看桌（包含看牲）

以紅片糕、糯米，加上染料搓
揉製成各式各樣奇珍異獸、山
珍海味等，僅供普度祭拜時觀
賞，不能食用。

［用途］用於中元普度、建醮普度時
觀賞用，拜後常被請回家擺放，可供
觀賞一陣子。

看牲／謝宗榮攝　　　　雞籠中元祭看生／謝宗榮攝

湯圓（元宵）

以糯米團搓揉製成。無餡的常為紅白二色，有餡的或稱為元宵，有鮮肉、紅豆、花生、芝麻、棗泥、抹茶等各式口味。近幾年市面上多有彩色元宵湯圓的販售。

[用途]用於各類神明生、上元、清明祭祖、半年節、冬至、結婚宴客等。

甜湯圓／謝宗榮攝

雞母狗仔

以糯米團加上各種染料，搓揉製成各種如雞、狗、兔等可愛動物。

[用途]用於冬至時祭祖

雞母狗仔／謝宗榮攝

春捲／謝宗榮攝

春捲

以薄麵皮包裹著胡蘿蔔絲、豆芽菜、豆干絲、肉絲、香菜、花生粉等製成。

[用途]用於頭牙或尾牙

刈包

白麵粉所製成的可折合狀，中間可挾包酸菜、焢肉、花生粉為餡料。

刈包／謝宗榮攝

[用途]用於尾牙

各式水果

各種天然水果，如鳳梨、香蕉、蘋果、水梨、橘子、芒果、龍眼、香瓜、哈密瓜、木瓜等。

[用途]用於祭神、拜祖先等，忌用番石榴、番茄、釋迦三項水果。拜老君忌用李子，拜釋迦佛祖忌用釋迦。

（三果、四果、五果）

米食

粽子

以竹葉包裹糯米飯，飯內包肉片、香菇、蝦米、鹹蛋黃、栗子、花生等。

［用途］用於端午節、中元普度、上樑、考生祭拜求高中時。

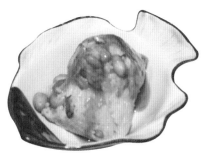

端午素粽／謝宗榮攝

餅類

月餅

以厚麵粉皮，內包各式餡料，如紅豆沙、綠豆沙、棗泥、核桃、蛋黃等製成的餅。

［用途］用於中秋節

月餅／謝宗榮攝

金銀紙

　　傳統漢人在歲時節俗的祭拜活動中，皆會準備金銀紙作為敬獻祭拜對象的基本祭品之一，金銀紙就仿如人間的各式錢幣，具有通行買路以及基本生活費用的象徵。談到金銀紙的起源，相傳是源於東漢蔡倫發明造紙術，不料生產過剩，乃與其妻共謀，由他詐死殮於棺中，其妻即在棺旁不斷焚燒用紙裁成的錢，旁人好奇，其妻乃宣稱紙錢可以通陰府，能使亡人復活，七天後蔡倫果自棺中「復活」，世人信以為真，每遇喪事即大量焚燒紙錢，相沿成俗，蔡倫的紙也因而暢銷。

　　另一個傳說是唐太宗李世民原本曾答應幫助龍王不被魏徵所斬，卻因與魏徵宮中下棋，未看好魏徵，仍讓魏徵於夢中斬了龍王，龍王不服，至地府控告唐太宗，唐太宗因此魂遊地府，行經枉死城，遇到昔日戰死冤魂要求施捨，太宗身無分文，閻王告以開封有一義人林良，常以己名焚燒紙錢預存陰司，可以先向他調用，唐太宗立即借用一堆紙錢分發眾冤魂，眾鬼散去李世民才能回陽，醒後馬上派人去歸還林良紙錢。於是紙錢可以通陰陽界，連皇帝都不例外，這一消息立即傳遍天下蔚然成俗[3]。

　　還有一個傳說是：唐代李世民經過長平時，哀悼戰國時白起所活埋的趙卒四十萬人，並燒紙錢做功德而來[4]。

　　由於漢人認為不論是神明所屬的靈界或是人死後所屬的冥界，皆有使用錢幣作為日常生活的需求，因此針對不同的祭祀對象而準備相關的金紙（又稱為「財帛」，用於神明）、銀紙（用於祖先、鬼）或紙錢（用於神明或鬼）是有必要的，在此以與歲時節俗祭祀活動較有相關的金銀紙作為介紹的重點。

金銀紙

天金（南部稱頂極金）

是最高級的金紙，金箔上寫有紅色「叩答恩光」字樣。有九寸、尺一、尺二規格（南部稱二刈、三刈、四刈），金箔分為四寸、七寸見方。

［用途］祭拜玉皇上帝、三官大帝。

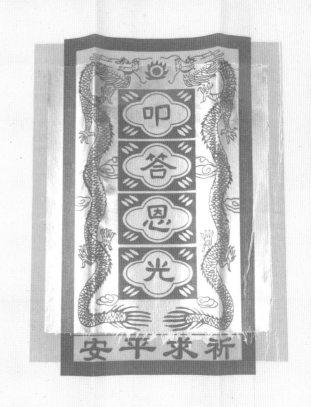

天金（環保金紙）／謝宗榮攝

天尺金（中南部用）

寫有天金並繪有木尺圖案，形制約五寸四方，金箔為一寸五分。一張印有天金，一張印有尺金，交疊合用。

［用途］祭拜玉皇上帝、三界公，平時可用於改運。

天尺金／謝宗榮攝

壽金

上有福祿壽三神之圖案，尺寸有大箔、小箔或大花、小花壽金之分。大者為六乘四寸，金箔一寸五見方；小者五乘三點五寸，金箔一寸四見方。

［用途］祭祀一般神明或祈求許願用。北部民眾也用於出嫁女性兒孫化給祖先的金紙。

壽金（環保金紙）／謝宗榮攝

大箔壽金、財子壽金（南部稱太極金）

印有三尊財子壽神像，金箔上寫有「祈求平安」字樣。有九寸、尺一、尺二規格（南部稱二刈、三刈、四刈），金箔分為四寸、七寸見方。

［用途］祭拜玉皇上帝、三官大帝。

福金（土地公金）

有大箔、小箔兩類，大箔為二寸四方，金箔為八分四方；小箔為二寸四方，金箔為四分四方。

［用途］祭祀福德正神、財寶神、諸神等。

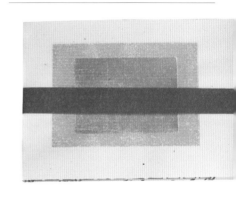

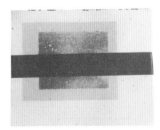

刈金（上）和福金（下）（環保金紙）／李秀娥攝

大箔壽金（環保金紙）／謝宗榮攝

刈金

有分大箔、中箔。只有一大塊錫箔，沒有圖案。

[用途] 祭祀一般神明，為北部地區民眾所使用。

中部四方金（中部福金）

中部地區沒有刈金，而使用四方金，上面印有漂亮的葫蘆圖案及「四方金」之字樣。

[用途] 為中部地區民眾盛行的金紙，用於拜土地公、太歲、犒軍、地基主，或是用於危險的彎路或橋頭，敬獻給好兄弟，使來往車輛平安。

壽金、刈金（左）和福金（中）／謝宗榮攝

中部四方金／謝宗榮攝

蓮花金

裱有錫箔、塗金油和蓋印，上面印有蓮花的圖案。

[用途] 為出嫁女性兒孫用於祭祖，以及往生作法事、忌日、清明掃墓。中南部地區使用銀紙類，北部地區用壽金。

蓮花金／謝宗榮攝

盆金（滿面）

為一尺三見方，紙上釘滿針孔線樣。

[用途] 祭祀玉皇上帝、三界公、謝神時用，如鹿港、淡水地區使用。

滿面／謝宗榮攝

九金

上繪有金星狀，寫有福祿壽字樣，金紙兩旁印有九金字樣。

[用途] 用於一般神明、犒將。南部地區所使用的金紙，中部、北部無。

九金／謝宗榮攝

蓮花銀／謝宗榮攝

蓮花銀

中南部地區使用的銀紙類，裱有錫箔、蓋印，不塗金油，上面印有蓮花圖案。

[用途] 為男性兒孫用於祭祖，以及往生作法事、忌日、清明掃墓、撿骨。中南部地區用銀紙類，北部地區用大銀。

小銀（銀仔）

北部有大箔、小箔之分；南部則有大透、中透、小透之分。

[用途] 用於普度好兄弟時，或是用於危險的彎路或橋頭，敬獻給好兄弟，使來往車輛平安。

大銀

北部有大箔、小箔之分；南部則有大、中、小箔之分。

[用途] 祭祀祖先、喪葬、陰鬼。入殮時也用白布包裹一疊大銀，作為往生者的枕頭。

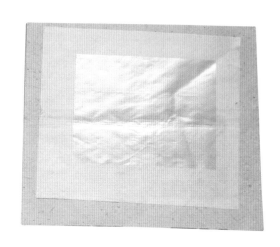

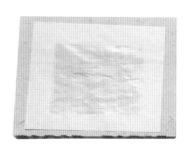

大銀（右）和小銀（左）／謝宗榮攝

九銀

上繪有銀色星狀，寫有福祿壽字樣，銀紙兩旁印有九銀字樣。

[用途] 用於一般清明掃墓、祭祖、喪事。為南部地區所使用的銀紙，中部、北部無。

九銀／謝宗榮攝

紙錢

高錢

有黃、白二種，形制為一尺乘一寸九分。

[用途] 常見於拜天公、三界公時所用。或是作為大神偶、將爺的髮飾。

高錢／謝宗榮攝

金白錢

有黃色和土灰色兩種為一組。

[用途] 用於眾神部將、虎爺，或犒將時用。

金白錢／謝宗榮攝

五色紙

有藍、紅、黃、白、綠五種顏色，大小不一，其下呈鋸齒狀。

[用途] 用於壓墓紙，屬於泉州人的習俗。

五色紙／謝宗榮攝

黃古錢

為黃色的古仔紙，長方形。

[用途]通常當壓墓紙，屬漳州
人的習俗。

黃古錢／李秀娥攝

花盆錢（夫人錢）

每一疊為五種顏色的紙錢
所紮，外面各包以紫藍、
白、綠、黃、紫紅等色紙，
上面印有美麗的牡丹花和
雙錢的吉祥圖案，亦為衣
料紋。

[用途]凡有幼兒者，於拜七娘
媽、夫人媽、註生娘娘、十二婆
姐等祭祀、補運時用。

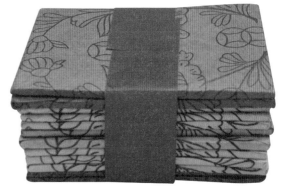

花盆錢／謝宗榮攝

床母衣、鳥母衣、
娘媽襖

為紫紅色，上印有紫色雲
和花草紋，為衣料的代表；
或是印有床公床母神像的
紙錢。

[用途]祭祀床母、七娘媽時用。

鳥母衣（床母衣）／謝宗榮攝

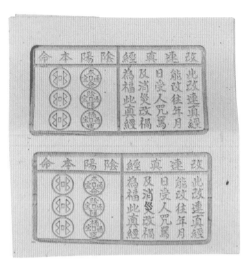

改連真經 / 謝宗榮攝

改連真經（本命錢、補運錢、去命錢）

為四點五乘三點五寸，印有改運經文及陰陽本命的黃底紅字。

[用途] 凡運徒不佳者，用於祭祀元辰守護神、太陽星君、南北斗星君等補運或祭改時所用。

替身

若為紙製則常配合陰陽本命錢（印有通寶圖案）與改連真經合用，並另外加繪一人形，有男性和女性之分。也有紙製十二生肖的「替身」，傳統上則有另有草編成人形的「草人」，嚴重者需祭草人。

[用途] 用於祭鬼、祭改（制解）、改運，暗訪祭改或邊船祭改時。

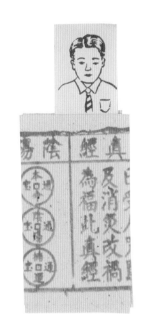

替身和改連經 / 謝宗榮攝

祭解草人和十二生肖替身 / 謝宗榮攝

雲馬

為黃底紅色圖案與文字，分三層，最上層印有五位文武神，上面寫有「正神朝天」。中層印有神馬兩匹及兩位隨從，寫有「雲馬」二字。下層印有神轎、神輦、鹿、朱鳥等吉祥瑞獸圖案，並寫有「祈求平安」等字樣。

[用途]用於接神、送神所需，作為返天述職的神明快速往返於天庭與人間的交通工具。

雲馬／謝宗榮攝

甲馬／謝宗榮攝

甲馬

為黃底紅字，上印有盔甲、神馬、士兵等圖案。

[用途]用於迎神、送神、犒賞天將、天兵、犒軍賞兵時用。

經衣（更衣）

為一尺乘三寸五分，印有墨色的古代男女衣服、靴子、梳子、剪刀等器具。

[用途]凡拜門口、祭祀好兄弟時用。

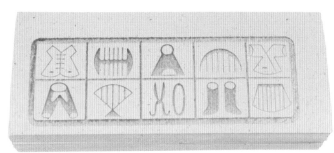

經衣（更衣）／謝宗榮攝

往生錢

為黃色正方形紙，上印有紅字的往生神咒。多折成元寶狀或蓮花形。

[用途] 用於清明、中元、喪事、佛教的祭拜，但民間信仰，多為佛、道混合使用。

往生錢／謝宗榮攝

彩色往生蓮花／李秀娥攝

百日打城的豐盛祭品／謝宗榮攝

註 釋

1.　對天、神明、祖先、鬼等親疏關係，民間所敬備的祭品，也因此有所分別的說法，亦
　　可參考李亦園，1996，〈第二十四章　神靈與鬼魅〉，收錄於《文化與修養》，台北：
　　幼獅文化事業公司，頁 160-162。

2.　對天敬祀之祭品，以生而完整的為主，可參考李亦園，1996，〈第二十四章　神靈與鬼
　　魅〉，頁 162。

3.　徐福全，1999，〈談燒金紙〉，《大道季刊》第十四期，第二版。

4.　片岡巖著、陳金田譯，1990[1921]，《台灣風俗誌》，台北：眾文圖書公司，頁 607。

歲時
節俗

端月 【農曆一月】 正月正, 牽新娘, 出大廳。	花月 【農曆二月】 二月二, 土地公, 搬老戲。	桐月 【農曆三月】 三月三, 桃仔李仔, 雙頭擔。
梅月 【農曆四月】 四月四, 桃仔來, 李仔去。	蒲月 【農曆五月】 五月五, 龍船鼓, 滿街路。	荔月 【農曆六月】 六月六, 做田人, 打碌碡。
蘭月 【農曆七月】 七月七, 芋仔蕃薯, 全全劈。	桂月 【農曆八月】 八月八, 牽豆藤, 挽豆莢。	菊月 【農曆九月】 九月九, 風箏馬馬哮。
陽月 【農曆十月】 十月十, 三界公, 來鑒納。	葭月 【農曆十一月】 十一月, 挨圓仔粹。	臘月 【農曆十二月】 十二月, 賣噴春花。

在歲時節令中，一年中有數個重要年節，涵蓋了年初的「開正」到年尾的「除夕」，剛好是形成一系列循環的年節祭日，如「新年開正」、「接神日」、「迎財神」（開市）、「天公生」、「元宵節」（上元）、「作頭牙」、「犒將」、「清明節」、「端午節」、「半年節」、「七夕」、「中元」、「中秋節」、「重陽節」、「下元節」、「冬至」、「尾牙」、「送神」、「天神下降」和「除夕」等。

台灣早期流傳一首與十二月分農事及年節習俗相關的〈歲時歌〉[1]，歌詞內容如下：

> 正月正，牽新娘，出大廳。
> 二月二，土地公，搬老戲。
> 三月三，桃仔李仔，雙頭擔。
> 四月四，桃仔來，李仔去。
> 五月五，龍船鼓，滿街路。
> 六月六，做田人，打碌碡。
> 七月七，芋仔蕃薯，全全劈。
> 八月八，牽豆藤，挽豆莢。
> 九月九，風箏馬馬哮。
> 十月十，三界公，來鑒納。
> 十一月，挨圓仔粹。
> 十二月，賣噴春花。[2]

另有一首〈新年歌〉[3]，是描述新年到元宵期間每天的節日習俗，其內容如下：

> 初一早。
> 初二巧。
> 初三無通巧（或作「初三睏到飽」）。
> 初四頓頓飽。
> 初五隔開。
> 初六挹肥。
> 初七七元。

農民春耕犁田將油菜花田翻土充做肥料／謝宗榮攝

初八原金。
初九天公生。
初十有吃食。
十一概概。
十二漏尿。
十三關老爺生。
十四月光。
十五元宵暝。
十六拆燈棚。[4]

另有一首〈新年歌〉[5]，基本上很類似，但有局部不同，內容為：

初一場。
初二場。
初三老鼠娶新娘。
初四神下降。
初五隔開。
初六挹肥。
初七七元。
初八原金。
初九天公生。
初十有吃食。
十一請子婿。
十二查某子返來拜。
十三食暗糜配芥菜。
十四結燈棚。
十五上元暝。
十六相公生。[6]

牛是農業社會中耕作犁田的好幫手／李秀娥攝

　　而台灣各地居民除了原本在地的老住戶外，也有許多是由中南部遷居北部定居的，所以有關歲時節俗部分，往往是南北習俗交雜出現在日常生活以及歲時節日的慶典中。原本屬於民眾的歲時節慶，在不同地方首長的主政推動下，各縣境內有些市區鄉鎮，推出因應歲時節俗的各項民俗文化觀光活動風潮，例如：新北市平溪的元宵天燈節、野柳的元宵神明淨港過火活動、台南的鹽水蜂炮、台東的炸寒單爺、由各縣市輪辦的台灣燈會等；萬里的海上龍舟節、鹿港、台北、宜蘭、台南府城等地的龍舟競賽；而享譽盛名的基隆中元祭典，更成為國際重要的觀光節慶活動；而苗栗恢復的元宵㸒龍炸火龍習俗，也成為這幾年民眾競相觀賞的重要民俗節慶。上述活動的舉辦往往吸引無數的民眾爭相參與，也為各縣市的歲時節俗文化留下令人難忘的歷史記憶與軌跡。

一　新年開正

每年的大年初一至初五，稱為「新正」。而大年初一則稱為「開正」。

二　接神日

民間傳說農曆十二月二十四日為送神日（也有人作十二月廿三日），正月初四為接神日。

三　開市（迎財神）

農曆正月初五到二十日之間，都是商家選擇店面於過年後正式「開市」的佳期。

四　初七人日

正月初七這一天，是我國傳說中人被創造出來的日子，故為「人日」。

五　初九天公生

每年農曆正月初九是天公生，民間俗稱的「天公」即玉皇上帝。

新婚夫婦歸寧所攜回夫家的帶路雞禮籃有祈求子孫繁衍之意／謝宗榮攝

玻璃彩繪的司命灶君／謝宗榮攝

求財的八路財神金／謝宗榮攝

正月初七人日食用七寶羹以祈吉祥／李秀娥攝

正月初九拜天公的頂桌和下桌／李秀娥攝

平溪天燈節施放天燈祈福／謝宗榮攝

六　七　八　九　十

十三添丁日、開燈

在客家人的習俗中，正月十三日為「添丁日」，又稱「開燈」或「吊燈」。

上元節（元宵節）

傳說元宵節起源於漢代宮廷於正月十五日夜時京城解除宵禁，通宵達旦燈火輝煌的祭祀「太一」(泰一、太乙)天帝神的古俗而來。

作頭牙（土地公生）

習俗上每月的初二、十六皆是「作牙」的日子，也是祭拜土地公的日子，而二月初二則稱為「頭牙」，十二月十六則稱為「尾牙」。

犒將（犒軍、賞兵）

每月初一、十五或初二、十六皆為犒賞五營兵將守護鄉里平安的日子。

清明掃墓

「清明」是二十四節氣之一，根據曆算定在每年「冬至」過後的一百零六日，也是「春分」後的第十五日，約在國曆的四月五日。

古老的磚燒土地公／李秀娥攝

犒軍祭拜時敬獻的甲馬／謝宗榮攝

中元法會的法船有接引孤魂同登彼岸之意／謝宗榮攝

（一）新年開正

　　春節是一年歲時節令中意義最重大的節日，期間約自臘月（十二月）二十四日的送神日開始至正月十五的元宵節止，這也是歲時節日最多的一個階段。傳說古代有年獸為害四處吃人，所以家家戶戶於期間圍爐聚餐，享受最後的團聚時刻，直到除夕夜一過，年獸已走，大家紛紛慶祝彼此的倖存，恭賀度過該年並且又增長了一歲，故而留下除夕夜圍爐，初一賀歲的習俗。

　　每年除夕夜前家家戶戶會先準備張貼新的春聯，以紅色的棉紙為底色，有辟邪之意，上面寫有祈求吉慶納福的字句；或是張貼印有財神、門神、吉慶類的年畫，以及融合剪紙藝術的五福門籤。每年的大年初一至初五，稱為「新正」，而大年初一則稱為「開正」、「賀正」，家家戶戶會舉行祭拜神明和祖先的活動，祈求祂們對信眾和子孫在未來新的一年裡能夠諸事平安如意。家家戶戶為了祭拜神明和祖先，會在神明廳（或公媽廳）前的八仙桌特別圍上繡有吉祥圖案的桌裙，而門口則懸掛紅綵或八仙綵，廳堂點上燭燈，裝飾新年的吉慶氣氛。

新春吉慶招財的布置／
謝宗榮攝

初一開正子孫集體向宗祠祖先上香／謝宗榮攝

　　供桌會供奉水仙花、牡丹或梅花，後來則盛行擺放銀柳、發財樹、桔子樹等等吉慶盆栽，以及應景的年節供品，如柑塔（柑橘疊成塔狀）、年糕（甜粿，有年年高昇之意）、蘿蔔粿、芋頭糕、發粿（祈求發財、發達之意）、長年飯。

　　神明和祖先牌位前各供一碗長年飯和發粿，新北市蘆洲市民的地方習俗會在飯上再放一顆紅棗，意寓「早發」的吉兆，一般民眾則會在發粿和飯上插著「春花」（有用

市售過年布置的吉慶盆栽／謝宗榮攝

釋俗

端月。《史記》曰：孝惠帝曾春出游離宮，叔孫生曰：「古者有春嘗果，今方櫻桃熟，願陛下因取櫻桃獻宗廟。」上乃許之。諸果獻由此興也。又曰：正月為端月。端，首也。《春秋左傳》曰：履端于始。

台灣俗諺

正月正，牽新娘，出大廳。台灣地方諺謠〈歲時歌〉，傳神的點出農村生活的點滴，首句描寫新年新景象，剛娶新媳婦的新郎，大年初一牽起新娘的小手，來到神明廳祭拜祖先和神明。

紅紙自行剪成碎花狀，也有市面販售較漂亮的花樣），又稱為「飯春花」，取「春」之閩音與「剩」有餘之意，祈使「年年春」增加過年新正的吉慶有餘之意味。供桌上有甜茶（如紅棗茶）、甜料（如甜花生仁、紅棗、冬瓜糖、花生糖等糖果類供品）等應節供品。

市售新春賀歲的吉慶童娃／謝宗榮攝

除夕夜子時民眾前往廟宇點燭祈福／謝宗榮攝

　　有的廟宇會在新春期間設置七星平安橋，讓民眾買十二生肖替身讓法師為他們祭改求平安；也有的會在新春至元宵期間舉辦春季禮斗法會；一般常見的新春活動則有鬧廳（噴春）、搶頭香、新春點燈（光明燈）、安太歲、祭解等活動。

鬧廳、噴春

　　傳統社會中，民間有些傳統樂團或舞獅隊組成一隊，於新春期間沿街演奏表演，或在廟宇廟埕、民家廳堂上演奏祝賀以討取紅包，稱為「鬧廳」或「噴春」，增加新春熱鬧或是驅邪除煞的氣氛。以前的社會，有的樂隊是由剃頭師傅或是乞丐所組成，他們會利用新春討吉利的時刻，多賺一筆。有的家庭則是播放具有新春節慶特色的北管或亂彈音樂來助興。

搶頭香

　　新春期間許多民眾自除夕夜開始，便前往崇敬的廟宇上香祈福，或是參與「搶頭香」的活動，有些廟方會在除夕夜先將廟門暫時封閉，並將神明的主爐以紅紙封起來，直到事先向神明請示的子時吉刻屆臨，才一聲令下將廟門打開，讓早就持香擠在門外的信眾蜂擁爭相搶著插上新年的第一炷香。據說這樣搶到頭香的信眾會受到神明的特別庇佑，獲得好運道，所以稱為「搶頭香」或「搶頭爐香」，但亦有許多廟擔心搶頭香造成肢體危險，而不鼓勵此俗。而廟方的主事者也多會在新春期間，擲筊抽籤請示神明有關未來一年的四季運道，或是有關士農工商各行業來年的發展運勢，稱為「抽四季籤」。

除夕夜子時在廟前噴春鬧廳的北管子弟／謝宗榮攝

松柏坑受天宮新正上香祈福／謝宗榮攝

新春民眾前往中和烘爐地福德祠上香求財祈福／謝宗榮攝

新春點燈

　　許多寺廟於新春期間會提供信眾點燈祈福的信仰需求，點燈類別有：「平安燈」、「光明燈」、「元辰燈」、「財利燈」、「文昌燈」等。其實「點燈」本是源自佛教的「點光明燈」，有以燈供養佛菩薩，祈求佛菩薩賜予光明智慧之意。《大日經疏》解釋：所謂「燈，是如來之光明破晴之義也，係指至果地時，心障都盡轉無盡之慧，來普照眾生云，故曰燈。」所以佛經以燈比喻光明和智慧，如果信眾能夠燃燈供佛，就能身體健康、開啟智慧、事業成功、滿足願望。

　　至於道教傳統中，早在南北朝時「燈」已成為對諸聖仙真的五供（燈、花、香、茶、果）之一，「燈儀」在道教科儀中確實佔有一席之地。因為燃燈具有「然燈（筆者按：即燃燈）威儀，功德至重，上照諸天，下明諸地，八方九夜，並見光明」的意義。又道教《無上秘要》言：禮燈的道士「若能暮明燈於本命，朝明燈於行年，恆明燈於太歲上，三處願念，即體澄身正，真光內照，萬神朗清，元君奉法。」顯示燃燈有光照生命，幫助道士個人修行的功用；另外，在《雲笈七籤》引《四極明科》也提及：「立春、春分，然九燈於庭；立夏、夏至，然八燈；立秋、秋分，然六燈；立冬、冬至，然五燈；本命日，然十二燈，自此陳乞謝過祈恩。」則說明燃燈在祈恩謝過方面的作用[7]。可知傳衍到後來，民間則盛行於每年新春在各寺廟點元辰燈、光明燈、平安燈、或是財利燈、文昌燈等，以祈求神明庇佑赦罪，賜福平安、元辰光彩、光明吉祥、財利興旺等。

新春期間民眾盛行前往廟宇點光明燈祈福／謝宗榮攝

安太歲

　　俗語謂：「太歲當頭坐，無喜恐有禍」、「莫在太歲頭上動土」，皆認為沖犯太歲會招惹無妄之災。「安太歲」是有沖犯的信眾所需特別留意的，太歲為太歲星君，配合一甲子共有六十位值年太歲星君輪值。每年當值的「值年太歲」，主管當年的流年，包括世間福禍、天候和氣象，信眾要避免無意冒犯，導致禍端降臨，所以凡是年沖的生肖，皆需安奉值年的太歲星君以避禍。

新春期間廟宇賀正點燈安太歲的告示／謝宗榮攝

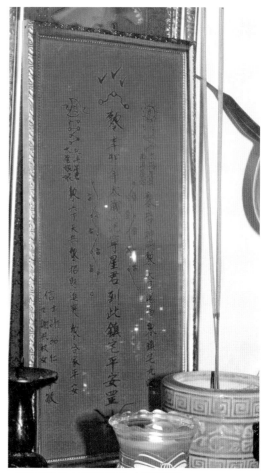

民家安奉的太歲星君神位／李秀娥攝

每年沖犯太歲的生肖主要有兩類，凡是出生年與太歲地支年相同者，則為「正沖」（坐沖），生肖往下依序六位，是太歲相對的方位，是為「對沖」，例如民國103年歲次甲午，值年太歲星君為張詞（或北京白雲觀系統為「章詞」），屬馬者為正沖（坐沖），屬鼠者為對沖。二者皆算犯太歲，所以皆需安奉太歲，信眾可前往廟中安奉太歲，亦可在家中神龕或清靜處安奉太歲，但是一般信眾多是前往廟中安奉太歲為主。宮廟多於農曆正月十五日舉行安奉太歲的儀式，每月初一、十五日為信眾誦經消災納福。

新春民家備供品敬奉值年太歲／李秀娥攝

禪和派趙之光道長正為值年太歲開光／謝宗榮攝

祭解（祭改）

　　在我國傳統的信仰習俗上，每年不同生肖流年所沖犯的關煞也會有所不同，例如要制白虎星、制天狗星、制五鬼、制桃花、喪門吊客、死符等，為了能夠祈求來年事事平安順利，所以必須根據生肖的沖犯，而由道長來祭解（祭改）以消災祈福。

　　有些宮廟有駐廟道士的服務，每年新春都在農曆正月上旬開始祭解，每當該日屆臨，都會湧進大批人潮，信眾登記生辰、姓名，廟方則會寫妥祈安植福疏文。

　　廟方執事人員在安放祭品時，也會依序為信眾備妥小三牲（鴨蛋、豬肉、豆干各一），以及關限（如水關、火關、車關）含顧關童子一名、男女替身、天狗、白虎、五鬼、麵線、金銀紙（大箔壽金、福金、金白錢、銀紙、刈金、經衣、改連真經及陰陽本命錢）、糕餅、福圓等祭品。

　　祭解程序包括：請神、安座（廟的神）、解災（消災改厄）、念咒（四神咒）、大安座（請眾神）、讀疏、卜筊、祭煞、送外方。一般從正月初至元宵期間，信眾前來祭解的人數最多，之後則在平常陸續前來。等到祭解完畢，信眾則將衣服衣領處蓋上「太上老君」印，或是放在神明的平安爐上繞一繞，以祈求平安，並將龍眼（福圓）剝殼，有象徵「脫殼脫離離」，使厄運就此遠離之意，再由當事者吃下福圓肉，有帶來福氣平安之意，而壽麵則是攜回後煮食親自享用，有長壽平安之意。

松山台北府城隍廟新春的祭解宣疏卜筊／謝宗榮攝

祭解的關限城、五鬼、天狗白虎與敬獻關煞的生三牲／謝宗榮攝　　　新春祭解過關限／謝宗榮攝

初二回娘家

　　在台灣正月初二，是回娘家的日子，稱「作客」。漢人傳統的觀念中，嫁出去的女兒等於「外人」，所以回家省親就成了「作客」。新婚夫婦初二作客通常是由舅子或晚輩前去迎接，稱為「帶作客」。回娘家作客時通常會攜帶禮物作為見面禮，俗稱「伴手」或「等路」。初二請女婿一定是在中午，許多地方習俗中女兒作客必須在傍晚以前離去，不能留到煮晚飯，否則會把娘家吃窮了；台灣人習俗也忌諱已嫁女兒正月初一就回娘家了，同樣怕被女兒吃窮了。

　　結婚頭一年的新婚夫婦回娘家時，娘家會準備一對帶頭尾青（連根帶葉）的甘蔗和兩隻一公一母的「帶路雞」讓女兒帶回婆家。一對甘蔗以紅絲線綁住代表兩人同心，有頭有尾甜甜蜜蜜白頭偕老且節節高昇的意思。「帶路雞」原本要帶回婆家飼養，希望「年頭飼雞栽，年尾作月內」，新人可以早日繁衍子孫，現代因為都市化及公寓家庭養雞不方便，所以多改以工藝品製作的「帶路雞禮籃」，裡面還有雞蛋和孵化的小雞藝品，來代表繁衍子孫的吉祥象徵。

新婚夫婦歸寧所攜回夫家的帶路雞禮籃有祈求子孫繁衍之意 / 謝宗榮攝

大年初二回娘家到餐廳聚餐 / 李秀娥攝

初 三 老 鼠 娶 親

正月初三在傳統習俗上，則是「老鼠娶新娘」的日子，俗語說：「初一早，初二早，初三睏到飽」，初一新正、行春拜年，初二回娘家作客，已經非常勞累，初三沒事可以好好休息睡個飽。民間習俗傳說初三晚上「老鼠娶親」，所以要早早熄燈休息，不要打擾到老鼠娶新娘的好事，甚至會在廚房撒放食物，以為祝賀。

宋代蘇東坡（蘇軾）有首〈次韻定慧欽長老見寄〉詩：「左角看破楚，南柯聞長滕。鉤簾歸乳燕，穴紙出癡蠅。為鼠常留飯，憐蛾不點燈。崎嶇真可笑，我是小乘僧。」[8] 意思是說為了讓小燕子可以順利返巢，而時常鉤住捲起的簾子；或是擔心癡傻的蠅一直在衝撞紙窗，想尋出路，而會事先將紙窗打個洞口或是打開窗戶，好讓癡蠅可以尋窗洞而出；又或是怕老鼠挨餓，特別在牆角為老鼠留下飯菜；或是怕飛蛾習慣撲火而受傷，所以憐惜飛蛾而盡量不要在夜間點上燈火[9]。

這是慈悲的修行人細心體察大自然生命的需求，對乳燕、蠅、鼠、蛾等這份特別的關照與體貼的心意，所以佛門中常見一副對聯：「愛鼠常留飯，憐蛾不點燈」。所以即使平日裡人人喊打的老鼠，在國人的大年初三裡，卻可以擁有一個名為「老鼠娶親」的節日，這也是民間體察鼠類生命繁衍的一個慈悲的節日。

台北燈節中老鼠娶親的花燈展／謝宗榮攝

新 春 禁 忌

　　中國文化淵遠流長，許多傳統的年節禮俗與禁忌，隨著祖先崇拜與儒釋道合一的信仰文化，深植民間並代代相傳。即使西風東漸，西方現代文明的長期影響，邁向二十一世紀的今天，不論中國大陸或台灣，甚至世界各地移民的華人社區，仍可見到傳統中國年節禮俗、禁忌不同程度的保存現象。

　　歲時節慶中，漢人特別著重一年一度的新春年節，由歲末的送神到翌年元旦迎新春、過新年的期間，除了必要的祭祀禮俗，如感謝三界眾神、祖先、地基主、床母等對家人一年來的護佑外，並期許祂們在新的一年裡，能夠繼續慈悲護佑與賜福。也因自古以來，新舊曆年自然時序的交替正常與否，對深具「陰陽五行宇宙觀」的傳統漢民族而言，視之為影響未來國運與家運的重要時刻。為避免舉國上下從王室到臣民，因言行失當而觸怒神明，招惹邪祟而導致不祥災厄，故衍生出許多年節上的相關禁忌與習俗。

　　從除夕圍爐到元旦或初三、初五期間，漢人忌諱掃地（尤忌向外掃）、傾倒垃圾、或清洗糞尿桶（台語稱「挹肥」）、曝曬衣物（尤忌女性內衣物）等習俗，在台灣得到初六，才可挹肥。而這些禁忌是因為新春期間，天神（如玉皇大帝或財神爺等）會到人間賜福給百姓，唯恐對外傾倒不潔的垃圾糞尿或曝曬有經血污染的女性衣物等穢物，不慎污染了行經的天神，對天神不敬，也深恐家中福氣、財氣因此外流。至於忌諱掃地之說，是因掃帚有掃帚神，日常為我們打掃清潔了一整年，應該體恤祂的辛勞，在新春期間讓祂休息一下。

　　湖北人早在送神日就忌宰殺，否則易遭不祥；然而傳統上，漢人多在新春期間從元旦（正月初一）一早到初七，皆有不同的殺生禁忌，免得來年招惹各項兵災、刀災、血災等劫難。如正月初一忌殺雞、初二忌殺狗、初三忌殺豬、初四忌殺羊、初五忌殺牛、初六忌殺馬、初七忌傷人（請參〔初七人日條〕）。一年的開始，先禁殺生，以感念上天好生之德。

初五隔開，初六挹肥。

歌謠〈新年歌〉傳唱初一到十五的過年習俗，其中「初五隔開」描述的是新春新正與平常日的分水嶺，到了初六的「挹肥」，可將積累了春節初五前的除穢禁忌通通大清除。

年初禁殺生的禁忌，傳衍到北京、山東、江蘇或彝族，皆遵守初一茹素；而台灣則演變成初一早上得吃素齋和米飯。

至於初一忌諱殺雞一說，早在宋代，民間百姓即流傳元旦在門上張貼雞的畫像，以辟邪驅鬼的習俗。漢代劉向《新序・雜事第五・鴻鵠與雞》曰：「君獨不見雞乎？頭戴冠者，文也；足付距者，武也；敵在前敢鬥，勇也；見食相呼，仁也；守夜不失時，信也。」[10] 所以雞具有文、武、勇、仁、信等五項美德，所以頗受文人激賞。

在原始創生神話中，最早誕生的雞，在我國陰陽二元宇宙觀中，被視為具有「陽性」屬性。而雄雞會在一天清晨見到陽光時啼叫，象徵著知曉陽氣初始，而民間傳說中，夜間出來活動作祟的鬼，一聽到雄雞報曉，便會遁形離去，所以「雄雞啼鳴」具有鎮壓邪祟的象徵意義。又道教科儀中，凡為神明開光點眼、勅符之需，皆需取白色公雞之雞冠血，意即公雞之「陽血」具有無窮的威力，可驅除邪祟，達到辟邪平安的作用。

年初忌殺雞的禁忌傳到台灣，則發展成正月初一不可呼喚雞，免得雞怕叫喚聲是要宰殺牠而驚嚇亂竄，造成來年雞隻不聽管束、難養、失蹤等壞兆頭。此外初一忌殺生的習俗，在台灣也衍變成元旦忌諱將蚯蚓斬成兩段的習俗，傳說將會導致來年雨水過剩，常被雨淋的遭遇。

此外，年節還有其他飲食上的禁忌，如初一忌吃稀飯、蕃薯、紅薯、甜年糕、泡饃、烤饃等禁忌；尤其是台灣人，普遍有初一早上得吃乾飯忌吃稀飯、忌吃蕃薯、紅薯的習俗；大陸則有忌吃泡饃或烤饃的禁忌。初一早上能吃到飽實的米飯，是祈取來年米糧豐足的好兆頭；而避免吃稀飯、蕃薯或泡饃等，則是避免來年米糧不豐足、或是外出時常淋雨、或雨水太多沖毀田土等壞兆頭。漢族和其他的少數民族（如苗族、土家族）等地區皆有此俗。

而漢族、壯族等忌吃烤饃，則是怕初一時，火烤太旺，會出火毒，對眼睛不利。與忌吃烤饃類似的是，台灣習俗

忌諱在正月初一吃甜年糕，講究些的人家得在元宵節後才可吃甜年糕。據說這是因為煎年糕時，會發出吱吱的不吉聲響，且年糕煎的焦一點時（火太旺、或煎太久），台語稱為「赤赤」，與說人貧窮的「散赤 (san3-tshiah4)」的「赤」同音[11]，忌諱年初便帶來貧窮不吉的兆頭，故應避免。

初一或初五前忌諱吃藥，由於漢人期望大年初一便能獲得吉祥平安的好兆頭，因此極力避免家人有生病吃藥等事，故有正月初一避免吃藥的禁忌，更講究些的，直到初五都忌諱吃藥，以免觸碰長年與藥物為伍的不祥忌諱。此外，也忌諱初一還在棉被裡便打噴嚏，怕有著涼、感冒而須看病吃藥的惡兆。

還有其他言行上的相關禁忌：1. 拜年或串門子的相關忌諱：傳統習俗中，正月初一至初五，有忌諱婦女四處串門子的「忌門」習俗，尤其是孕婦和產婦。在重視陰陽宇宙觀的漢民族眼中，女屬陰，男屬陽，而被認為屬陰的女性中，又以孕婦、產婦、和經血期間的女性陰氣更重，被視為不潔、污穢與不祥。違反此禁忌者，輕者被責罵，重者則遭索價賠償，並以披掛紅彩帶、放鞭炮來驅除不祥的晦氣。

上述對婦女陰氣太重的忌諱，也適用於家有喪事者，也被認為煞氣、陰氣、穢氣極重，因而人們多避諱與之接觸，以免沾染不祥的煞氣，但過年期間又不得不與親朋好友拜年，故在台灣桃園地區則習慣以正月初三慰問喪家，後來發展成一般普通人家，盡量避免在初三向人家拜年，以免觸人霉頭的禁忌。

2. 忌諱動針線裁縫的禁忌：正月初一至初五前，除了有婦女「忌門」習俗外，也有「忌針」之禁，亦即不能動針線幹活。據說因為該期間天神會四處遊走，怕婦女不慎將針刺到神靈身上，遭惹不祥災禍。其實這項禁忌應是源於憐惜婦女一年到頭，做眾多家事補貼家用的辛勞，過年前又忙著打掃、張羅年節敬神祭品、飲食，若再忙於針線，恐將勞累過度而刺傷自己，因而發展出「忌針」之說。至於此禁忌發展到台灣，則衍變成初一時，忌諱在母雞孵蛋

食甜甜，好過年。大年初一禁忌多，無非是希望人能利用年初假期好好的休養生息。此外，蓬渤的美食與甜食少不了，所以「食甜甜」比喻新年吃甜食，也能藉此口說好話，恭祝他人一整年大吉大利有好兆頭。

時動針線、做裁縫，因元旦日母雞孵蛋有象徵繁殖與財富的吉兆，若動針線裁縫有恐孵出瞎眼雞，導致生產和財運落空的壞兆頭。所以民間有直到初五才可動針線和串門子的習俗，稱為「破五」。

3. 忌諱初一汲水：因為井水有井水神（或是井龍王）在鎮守，日常辛勤為人供水一整年，每逢大年初一至少得讓井水神休息一天，故忌諱初一汲水取用。河南一帶還在井台上貼著「一年長不安，自在今一天」的對聯，而湖北人更嚴禁不到初三不可汲水，並以香燭敬水神。

4. 忌諱初一時傷心哭泣或打罵小孩、與人吵架等：大年初一，漢人往往希望該年可以獲得吉祥的好兆頭，因此非常忌諱家中有人講出不吉利的話，所以忌諱傷心、哭泣、打罵、爭吵等事，以免這種憂愁和糾紛事件日後會層出不窮。

5. 忌諱初一打破器物：如不慎打破鍋碗瓢盆燈盞等日用器物，認為年初就有「破運」、「破災」的壞兆頭，表示這年家中可能會有人破、家破、財破等災厄，為了讓人安心，最好是用紅紙將破碎的器物包起來，並口誦吉祥的句子，如「碎碎平安」，諧音即「歲歲平安」；或是「挵破瓷，金銀一大堆。Long3-phua3 hui5, kim1-gin5/gun5/girn5 tsit8-tua7-tui1.」[12]。

6. 年初不可睡午覺：元旦是一年的起始，萬象更新，大家都希望擁有吉祥的好兆頭，所以特別忌諱在大年初一便有人睡午覺，講究些的會嚴禁到初五都不可睡午覺。據說男人睡午覺，他的田埂會崩；女人睡午覺，她的灶腳會崩。

7. 人日為七煞日諸事不宜，尤忌遠行：正月初七的「人日」，當天忌諱陰雨天，人們認為那是上天對人不悅的徵兆，日後恐有瘟疫肆虐、或庄稼欠收的情形，用以懲罰人間的罪行與不善。而「人日」的古俗，在台灣地區稍有失傳，有的俗稱為「冰消」和「七煞日」，該日諸事不宜，尤忌諱遠行，以免遭遇不測[13]。

㈡ 接神日

　　由於民間傳說農曆十二月
二十四日為送神日（也有人作十二
月廿三日），有說是送眾神，也有
說是送灶神，即神明上天向玉皇上
帝述職，稟報人間善惡。而臘月廿
五日會有天神下降，替代返天述職的
神明數日，至正月初四灶神等會再
返回人間，接受人間的祭拜，並繼
續監察人間的善惡，因此該日必須
非常謹慎迎接神明下凡，故稱為「接
神日」。

玻璃彩繪的司命灶君／
謝宗榮攝

　　正月初四為接神日，俗語說「送
神早，接神晚」，這是因為眾神來到
人間任職已近一年，所以希望讓祂們
一年一度返回天庭向玉皇上帝稟報，
早早送祂們上路，好跟玉帝及其他
眾神團聚，所以說「送神早」。「接
神晚」，則是因為眾神好不容易一年才回天庭與玉帝團聚
一次，希望給祂們充容一點的時間往返，所以才會有晚一
點接神的主張，故一般接神時辰多在近中午或下午以後才
舉行。又有「送神風，接神雨」的俗語，意思是說，送神
時往往天會颳起一陣風來幫助眾神返回天庭；正月初四接
神日，天空則會下起一陣雨，表示天降甘霖，眾神應天時
返回人間述職一樣。

　　有的民間廟宇習慣在送神日祭拜過後，也就是將廟中
眾神送回天庭之後，暫時將籤詩桶收起來，表示神明不在
廟中，無法繼續指引信眾的請求，直到正月初四接神日祭
拜請神過後，才再度將籤詩桶提供給民眾求取。

　　接神日的供品，主要是牲禮（三牲：豬肉、雞肉、魚
肉）、四果（如柑橘、蘋果、香瓜、葡萄等）、酒、菜碗、
甜料（如甜花生仁、紅棗、冬瓜糖、花生糖等）。金銀紙
則有四色金（大箔壽金、壽金、刈金、福金）和雲馬或甲

馬，亦有人備三色金（壽金、刈金、福金）和雲馬或甲馬，準備雲馬或甲馬是因為派遣這些神馬和天兵、敬備神輦、神轎上天迎接天神下凡之用。

年初家家戶戶多期待迎財神降臨賜福，大陸有些地方習俗以正月初二接財神，財神像多由街上販售而來，若有小販上前推銷財神像，並說「送財神爺來了」，雖家中已有，千萬不能說「不要」，需說「已有」，以免把財神爺往外推。而台灣地區多以正月初四為「接神日」，主要是迎接灶神再度返回人間家庭，此外，民間更期望迎接財神降臨賜福，有些人家則在初四當天或晚上恭迎財神，拜過財神後，則須吃狀似元寶的餛飩或水餃，象徵財神所賜的元寶和財富。也有將初八日視為財神神誕，須吃扁食才能大吉大利。

台灣商家則在正月初五至二十日間，回復日常生意或上班，為迎接「路頭神」，即五路財神等，可以開發利市財源滾滾，而在初四夜或初五一早，開門迎財神祭拜，並燃放鞭炮，稱為「開張」、「開張大吉」。有的地方則以初五為「五忙日」，不可動土、諸事不宜，犯之則年內遇事必敗，必須燃放鞭炮才能破解。

民家正月初四敬備供品接神／李秀娥攝

（三）開市（迎財神）

從農曆正月初五到二十日之間，都是商家選擇店面於過年後正式「開市」的佳期，一般台灣民眾多喜好選在初五當天開張，因是日為迎「五路財神」的好日子，取其吉祥之意，也期望來年生意更為興旺、財源廣進。財神有分文財神和武財神兩類，文財神是指比干、文昌帝君、福德正神等；武財神是指關聖帝君（關羽）或玄壇真君（趙公明）等。

根據民間小說《封神演義》記載，趙公明被封為「金龍如意正一龍虎玄壇真君」，率領其部屬招寶天尊蕭升、納珍天尊曹寶、招財使者喬有明（一說陳九公）、利市仙官姚邇益（或稱姚少司），合稱為「五路財神」。趙公明的塑像多為威猛的武財神狀：頭戴鐵冠，手執鐵鞭，面部黝黑多長鬚，座下跨虎。故祈求財富、事業興隆的信眾多所崇奉祭祀。民間崇奉財神時，多會在其周圍獻上聚寶盆、大元寶、珠寶、珊瑚等珍奇供品[14]。趙公明的聖誕日為農曆三月十五日，台灣民間也盛行求財時，焚化印有五路財神神像的五路財神金。此外，土地公、財帛星君、韓信和明初擁有聚寶盆的沈萬三等，也被視為財神類。

新春開市時商家敬備豐盛供品迎財神／謝宗榮攝

五路財神雖然也被視為五路神，但在古代五路神並不等於上述的五路財神，而是指路頭、行神。清人姚福均謂：「五路神俗稱財神，其實即五祀門、行、中霤之行神，出門五路皆得財也。」民間以正月五日祀五路神，顧祿的《清嘉錄》謂此曰：「為路頭誕辰，金鑼爆竹，牲禮畢陳，以爭先為利市，必早起迎之，謂之接路頭」[15]。

草屯敦和宮矗立廟頂的武財神玄壇爺／謝宗榮攝

　　八路財神以前較少為人所知，但近數十年由於台灣民間有人大力推行販售八路財神金，所以八路財神逐漸為民眾所知曉。所謂八路財神至少有兩種說法：一是天寶財神、彌勒財神、錢袋財神、武官財神、財寶天尊、納珍天尊、招財使者、利市仙官等八位。二是一路天官五路財神、二路文武財神爺、三路招財使者、四路利市仙官、五路招寶天尊、六路納珍天尊、七路福德明王尊神、八路韓信使者。目前民眾在開市敬祀財神時，也會燒化印有八路財神神像的八路財神金，以祈求八路財神庇佑招財進寶，錢源廣進[16]。

求財的八路財神金／謝宗榮攝

從前商家在開市（或開張）當天，會先在招牌上繫紅彩，店內會張掛以紅紙書寫的「黃金萬兩」、「開市大吉」、「開市大發」、「開工大吉」、「招財進寶」、「生意興隆」之吉祥字句，並且來個新春大減價的活動，發紅包給員工新春團拜，或設宴席招待親友等。

　　由農曆的正月初五到二十日中間，商家會參考農民曆或廟中所出示的開市吉日吉時，再自行擇定開市迎財神的良辰吉時。「開張」或「開工」時，以供奉牲禮（三牲）和果品為主。金銀紙一般以壽金、刈金、福金和鞭炮為主，也有的居民會特別準備四色金（大箔壽金、壽金、刈金、福金），加上近來流行的五路財神金或福德正神發財金來祭拜。待祭拜完畢，則鳴放鞭炮驅邪以祝賀開張大吉。

求財的五路財神金／謝宗榮攝

招財進寶

日日有財

黃金萬兩

日進斗金

招財進寶的春聯／謝宗榮攝

（四）初七人日

　　正月初七這一天，是我國傳說中人被創造出來的日子，故為「人日」。傳統漢人多在新春期間從元旦（正月初一）一早到初七，皆有不同的忌殺生禁忌，以免來年招惹各項兵災、刀災、血災等劫禍。

　　漢代東方朔《占書》載，正月一日為雞，二日為狗，三日為豬，四日為羊，五日為牛，六日為馬，七日為人，八日為谷[17]。而南北朝的梁代宗懍在《荊楚歲時記》載：「按：董勛問禮俗曰：『正月一日為雞，二日為狗，三日為羊，四日為豬，五日為牛，六日為馬，七日為人，以陰晴占豐耗，正旦畫雞于門，七日帖人於帳。』今一日不殺雞，二日不殺狗，三日不殺羊，四日不殺豬，五日不殺牛，六日不殺馬，七日不行刑，亦此義也。」[18]不論正月三日、四日究竟是豬先，還是羊先被創造出來，都無損於該日有戒殺該種動物之美意。

　　傳說遠古時期女媧娘娘分別在正月初一到初七期間，每日創造一物，分別是雞、狗、豬、羊、牛、馬、人。這些殺生的禁忌便是體恤動物的犧牲，感念牠們為最後被創造出來的人類勞動耕作、駝負重物，或是作為我們日常飲食的營養補充來源。在一年開始之際，先禁殺生，以感念上天好生之德。

　　年初禁殺生的忌諱，漢人遵行初一茹素；而台灣則演變成初一早上吃乾飯的素齋。而人被創造出來的正月初七，便成為民間俗稱的「人日」，傳統習俗要吃七種蔬菜作成的「七寶羹」，並用五彩絲織品剪製人形，懸掛帳上或插在鬢上，以求吉祥如意[19]。

　　而客家婦女在此日，則採波菜、芹菜、茴香、蒜、蔥、韭菜、白菜等七樣蔬菜，共煮而食，就叫「七樣菜」。據說吃了可以得財利，吃芹菜可使子女勤快，吃蔥可使子女聰明，吃蒜可使子女精於計算[20]。

正月初七「人日」食用七寶羹以祈吉祥／李秀娥攝

㊄ 初九天公生

　　每年農曆正月初九是天公生，民間俗稱的「天公」即玉皇上帝，也是道教傳統中所尊稱的「昊天上帝」或「玄穹高上帝」，玉皇上帝在天庭統領與民眾生活息息相關的眾神，由於祂的地位相當尊貴，所以民間祭拜天公生時，態度非常慎重，民間俗諺說：「天上天公，地下母舅公」，便道出天公神格的高貴。

　　祭拜時最傳統的大禮是，打開大門，穿戴整齊，並依長幼順序上香，行三跪九叩禮，一般現代信眾往往上香祝禱而已。祭拜完畢後，先燒金紙，再將天公座一起燒化，之後再撤去供桌。

　　一般祭拜天公的時間，約從農曆正月初九凌晨子時（十一點至一點）開始，直到翌日清晨或午時以前皆可，但俗傳天公的神格非常尊貴，因此越早敬供越有誠意。有些天公信仰盛行地區的信眾，慎重者先在半夜於家中敬拜天公後，又再前往鄰近的天公廟上香獻敬。

　　供桌較特別需設頂桌和下桌（或前後桌），一般是以

道長拜天公恭稟疏文／李秀娥攝

長板凳或矮板凳墊高，在上面的八仙桌腳下分別置放四疊壽金或刈金，金紙頭得朝門口，亦如人敬神時的方向，但頭一張有金箔者不能用。有慎重者桌下金紙會擺出「丁」字，象徵出丁人口興旺之意），此即為頂桌。其下方前面再加放一張供桌，即為下桌。慎重者頂桌前再繫上吉祥圖案的桌圍，並在頂桌兩旁繫上頭帶尾青的甘蔗，兩只甘蔗頭尾青部分再以紅線繫在一起，兩旁可加掛高錢（又稱長錢）垂在兩側。

　　頂桌和下桌（或前後桌）多設於庭院向天處祭拜；並準備三只代表天公的天公座（燈座）擺在頂桌中間，而彰化鹿港地區則盛行頂桌擺放一座天公燈座，或是四座天公座，一座是玉皇、三座是三界公；鹿港地區下桌則擺上六座燈座，包含南北斗星君、眾神等。頂下桌中央再擺上香爐，爐之兩旁並備好燭台。

　　至於拜天公供品，頂桌和下桌的特色也不同，頂桌獻給最尊貴的天公，以清素的齋品為主；下桌獻給天公的部屬神明，因而以五牲等葷食為主。頂桌得先點上一對蠟燭，並在爐前擺上三只

拜天公豐盛供品／李秀娥攝

天公生代表玉皇上帝的天公座與豐盛供品／李秀娥攝

茶杯，斟上清茶，以及五只酒杯，斟上酒；而頂桌的清素供品，一般為紮上紅紙的麵線（代表長壽）三束、五果、六齋或是素菜碗十二樣，以及紅牽（乾仔粿）、紅圓等，而南部的民眾還盛行供糖塔、糖盞等。下桌的葷食供品為五牲（如全雞、全鴨、全魚、魚卵、豬肉、豬肚、豬肝等），由於拜尊貴的天公之部屬，所以牲禮多強調生而全的，所以只要稍微燙熟即可；此外，還有紅龜或麵龜（因龜為獸，不宜供上頂桌）、甜料（如米棗、甜糕、生仁）等。

獻給天公的金紙主要是天公金，包括天金、大箔壽金、壽金、刈金、福金、高錢（長錢）等，其中高錢可撕開拉成長條狀，掛於頂桌旁的甘蔗上，或是掛於全羊、全豬的牲禮上，是兼具裝飾性效果的獻敬。而全豬則口含鳳梨或其他水果，頭上再插一對金花，披上掛項錢來裝飾。

㈥ 十三添丁日、開燈

在客家人的習俗中，正月十三日，為「添丁日」，又稱「開燈」或「吊燈」。凡是在前一年至新春期間家中有生男孩的，必須買一對新燈懸掛在正堂樑上，叫做「添燈」，因為「燈」和「丁」兩字同音，即添人丁的意思，也是一種「慶丁」的禮俗[21]。

苗栗縣西湖鄉邱屋伙房吊燈／劉懷仁攝

台北關渡宮靈霄寶殿安奉的三官大帝／謝宗榮攝

⑦ 上元節（元宵節）

　　傳說元宵節起源於漢代宮廷於正月十五日夜時京城
解除宵禁，通宵達旦燈火輝煌的祭祀「太一」（泰一、太
乙）天帝神的古俗而來。據《藝文類聚》載：「史記曰：
漢家以正月望日祭太乙，從昏祀列明。今夜遊觀燈，是其
遺跡。」唐玄宗時，元宵節，敕許金吾弛宵禁，開放燈會，
以供民眾觀賞，唐蘇味道曾有詩云：「火樹銀花合，星橋
鐵鎖開。暗塵隨馬去，明月逐人來。遊騎皆穠李，行歌盡
落梅。金吾不惜夜，玉漏莫相催。」[22] 可知唐代元宵時節
京城金吾不禁，官民盛行通宵達旦遊賞花燈的民俗節慶。

　　元宵節又稱「上元節」，也是道教三官大帝中天官大
帝的神誕日，三官大帝亦即「上元一品九炁賜福天官曜靈
元陽大帝紫微帝君」（天官）、「中元二品七炁赦罪地官
洞靈清虛大帝青靈帝君」（地官）和「下元三品五炁解厄
水官金靈洞陰大帝暘谷帝君」（水官）等三位，民間俗稱

新春戲班開箱後演出「跳加官」，象徵天官賜福／謝宗榮攝

三界公，神格相當尊貴，常代表天公接受信眾的祈求賜福、赦罪與解厄等。而祭祀三官大帝的日子分別是上元節（正月十五）、中元節（七月十五）和下元節（十月十五），合稱為「三元節」。

自古以來王室和民間百姓都相當重視正月十五日鬧元宵，每逢是日舉國歡騰，當天由於恰逢上元天官大帝誕辰，各宮廟多先結三官壇（俗稱三界壇），延聘道長奉誦《三官妙經》，祈請天官賜福，傳統習俗多於元宵當天子時（即十四日夜間十一時起至十五日一時）祭拜天官大帝，有的宮廟則固定在元宵舉行祈安禮斗（拜斗）法會，為信眾闔家祈福。許多廟宇也多會懸掛各式傳統花燈，或是舉辦精巧的創意花燈比賽，也有的宮廟會邀請精美的福建泉州花燈來展覽，更有猜燈謎的大型晚會，讓信眾踴躍參與元宵慶典；而大街上老老少少手持各式新穎花燈遊街，相互爭奇鬥豔，好不熱鬧。

神誕日填契書、乞龜

元宵當天恰巧也是民間信仰中專司護產的女神——臨水夫人陳夫人媽（陳靖姑）的神誕日。民間習俗中，每逢陳夫人媽的神誕例祭日，凡宮廟中以臨水夫人為主神者，或是供有該神者，廟中的主事者頭人（如頭家爐主、委員

元宵子時敬備豐盛供品拜三界公／謝宗榮攝

們），以及角頭內或外地的虔誠香客如屬夫人媽的契子孫（義子女）們，多會擇神誕期前來祝壽，或帶孩子來填寫契子書，或因年滿十六歲而來謝契書，或乞龜還龜，所乞的龜隻包括平安龜（祈求平安）、喜龜（求有身孕即可）、丁龜（求生男嗣）、財氣龜（祈求財運）等，也有信眾特別謝金牌或謝戲齣的。有些土地公廟或其他廟宇也保有在元宵節或神誕期乞龜的類似習俗。

元宵盛行祈長壽求平安的乞龜活動／謝宗榮攝

其中因以擲筊請示祈取平安龜的願望較為普通，故一般習俗是今年乞得一隻，翌年神誕期時務必奉還兩倍。至於欲許願祈得喜龜或丁龜者，一般在應驗後得奉還六倍或十二倍，才符合禮數，通常得視信眾當時向神明擲筊請示時，神明所指示應還願的倍數而定。當信眾向夫人媽乞龜應允後，有的廟還會將一張該廟的平安符置於龜背上，並將龜首轉向廟外，且在龜首插上三柱香，表示這隻龜已經為人所乞走。

若是祈求生男嗣的丁龜，在祈求應允後，除了上面要置放一張平安符與三柱香外，還要再取一朵白花放在龜背上，以示區別；倘若祈求生女者，則以紅花代之。當香枝燃燒過半，再捧著該隻神龜返回家中，敬告家中神明與祖先乞得神龜的喜訊。若為特殊目的的喜龜、丁龜或財氣龜

等，須將三柱香插入祖廳的香爐內，別人則不可先嚐此龜，得由祈求該項喜訊的男女當事人先品嚐過神龜後，才能分享給其他家人，以免該項喜氣或福氣被別人先沾走。

製作乞龜的材料，傳統上原本多以紅龜、麵龜、紅片龜、糯米龜、米龜等為主，後來因應祈取財富的需求，而逐漸出現金錢龜（以多個一元、五元、十元錢幣黏貼而成）、黃金龜（黃金打造而成）等；而後又隨著現代糕點技術與材料的流行，出現所謂的雞蛋糕龜、月餅龜、花生糖龜的製作。每年各地供信眾許願還願的龜隻重量，從最基本的一隻一斤，到重達上千斤者不等。

台北內湖梘頭福德祠，元宵乞龜祈求賜財的金錢龜／謝宗榮攝

澎湖地區是漁民居多且漁業興盛的聚落，所以每年元宵乞龜之俗熱鬧非凡，為祈庇佑漁業昌盛，魚貨滿載，船東往往大肆競備巨型乞龜祭品，有的敬獻的乞龜祭品還高達上千斤之重，堪為台灣龜祭文化中的巨龜祭品之最。

當信眾乞得龜隻後，都得到廟中登記姓名與乞龜的項目、重量，作為廟中日後徵信用；倘若已超過時限（如屬平安龜者，通常為三年），而信眾仍遺忘未奉還龜隻時，該廟則會將該名信眾的大名以紅紙公布，以示交代廟中乞龜龜隻的去向，此項帶有羞辱當事者的習俗，多被戲稱為「龜上壁」、「龜爬壁」或「龜上天」，表示龜既會爬壁或上天，那就是穩去無回了。

但漢人於元宵或神誕乞龜的習俗，在各地有不同的傳承與消長，因現代的物資與生活條件的充足與富裕，傳統麵龜已經沒有什麼人愛吃，加上有一陣子大家樂、六合彩的盛行，使得民間有此好的信眾深怕「損龜」而不愛乞龜，因著此項賭博禁忌的影響，使得乞龜這項民間習俗也隨之轉變。

2015 年台中東勢上元節舉辦新丁粄節／胡文青攝

東勢新丁粄（紅龜粄）

台中的東勢鎮是台灣中部客家人最主要的根據地，每年元宵節時當地南平、東安、北興和中寧四里的里民相當盛行「賽新丁粄」的習俗。「粄」是客家人以糯米製作粿品的稱法，「新丁粄」則是客家人從去年元宵至該年元宵前，逢家中新添男丁時，便會在元宵節製作較大的紅龜粿形的新丁粄，前來向地方廟宇中的土地伯公答謝庇佑，並分享給其他親友。而所有添丁者競相製作比賽新丁粄，該年作的最大最重者，即可獲得由參與者所繳納會費之公賞賞金作為獎勵，所以歷來便有所謂元宵節時「賽新丁粄」的有趣習俗 23。

2015 年台中東勢新丁粄節夜市現場展示的大型龜粄／胡文青攝

乞燈、躦燈腳祈子

元宵節時除了「乞丁龜」與祈子習俗有關外，又因

為元宵節持燈賞燈的「燈」字，在閩南語中與象徵男嗣的「丁」字諧音，「求燈」即「求丁」，並有「躓燈腳，生卵葩」或寫成「𡢃燈跤，生㞗葩」。 Nng3/Nui3 ting1-kha1, sinn1/senn1 lan7-pha1.」的俗諺[24]。如台北市萬華龍山寺多年設有平安總燈，讓信眾躓到燈下許願祈福，而新北市新莊慈祐宮也曾推出元宵不同主題的主燈，讓婦女、信眾可以躓燈腳來祈子或求財求平安。

由於漢民族相當重視父系宗族與子嗣的傳承，故演變成相當重視與吉利諧音的吉祥象徵。所以已婚婦女往往於元宵時相偕到各廟宇，祈求日後添丁，故元宵節時「賞燈」、「躓燈腳」或「乞燈」等祈求子嗣的習俗，遍布國內各大小寺廟。

在台北松山慈祐宮展示的精美泉州　　元宵夜婦女盛行躓燈腳祈子求平安／謝宗榮攝
花燈／謝宗榮攝）

鹿港地區有的廟壇為配合鹿港民俗活動之推廣，鼓勵善男信女在元宵節時，前往廟宇所設置之臨時祭壇敬拜與躓燈腳，如街尾的護安宮（主祀神為吳府千歲），信眾可向該宮的七夫人媽擲筊請示日後生男育女之運途，若求得生男者，

廟方會為該信眾以紅燭點著再捻熄，與一只藍色或黃色的
紙燈籠，交由信眾帶回家於廳堂上點上，以敬告祖先此喜
訊。若是獲得生女之啟示者，廟方則直接將未燃過的紅燭
一支，與一只紅色紙燈籠，交給信眾帶回廳堂點上。該廟
以燈籠的顏色區別祈求生男（黃、藍色）生女（紅色）的
象徵，亦如前述民間盛行以花色來區別祈求生男（白花）
生女（紅花）的作法。此乃基於漢人陰陽五行的宇宙觀，
蘊藏著對自然法則的觀察，即男精為白為陽，女血為紅為
陰有關。

有關元宵「祈子」的習俗，另有婦女會去偷鄰人的「竹
籬」，台語諧音可「得兒」。而未婚女子則有是夜「偷蔥」
的習俗，以寓「偷得蔥，嫁好尪；偷得菜，嫁好婿」的吉

元宵節手提馬年小馬燈的可
愛女孩 / 李秀娥攝

兆。以前民間婦女或小孩也有盛行元宵夜「觀三姑」或「觀籃姑」的扶乩占卜請示習俗，現在已較少見，鹿港地區仍可見此項民俗。元宵民間以前還有「聽香」的習俗，可在家中或到廟宇上香，擲筊祈求出門的方向，以偷聽到的話作為祈求事項的指示。這也反映出漢人具有原始社會中常見的交感巫術信仰的文化遺留。

立春摸春牛

「立春」為二十四節氣之一，屬於陽曆的傳統曆法，多在每年農曆正月，但也有見於年底的，得視當年有無閏月及節氣的推移而有不同。有時會與元宵佳節相近，古時有盛行立春「鞭春牛」、「打春牛」、「摸春牛」之俗，相沿迄今，台灣有些廟宇也會在立春或元宵節時推出「摸春牛」的習俗，例如：台南土城聖母廟自 1987 年起每年立春、新年迄元宵期間，都設有春牛給信眾摸，祈取好運降臨。

我國自古以來便以農業立國，春季來臨，是春耕之始，遠從周代開始，朝廷就有重大的祀春儀式，傳衍到宋朝，朝廷更重視祀春大典的舉行，祈望上蒼賜予豐年。如《東京夢華錄》、《夢梁錄》、《武林舊事》等都有簡要而生動的記載，官民都像小過年一樣，歡度此日。

而元、明、清諸代，朝廷也都沿舊例祭春，故有「迎春禮」、「鞭春禮」，即為迎接布糊泥塑的五色春牛遊街，以及由長官鞭打春牛，書史則在旁高聲唸誦「風調雨順」、「國泰民安」、「祿位高陞」等吉祥字句，每鞭打一下，便口誦一句，以示勤於耕種，農民豐收，官員高陞，故稱為「鞭春」或「鞭春牛」。

鞭春禮完畢後，在旁觀禮的民眾便一擁而上，搶奪土牛身上的泥土，拿回家撒在牛欄或豬圈內，民間相信可以避免家畜生病，且會長得肥美壯碩，繁衍力強。舊俗也深信將鞭破的春牛焚化，民眾將此灰泥埋入土中，可以保佑農作物豐收。

台南市安南區土城聖母廟自 1987 年起，每年春節必會推出「摸春牛」的祈福活動，據廟方相傳「摸春牛」是古俗，會帶來大吉大利，而「摸春牛」的口訣，則依所摸部位的不同而帶來不同的福份。「摸春牛」的閩南語口訣如下：

摸牛頭，兒孫會出頭；
摸牛嘴，大富貴；
摸牛腳，家貨吃沒乾；
摸牛尾，剩家貨；
摸牛耳，吃百二；
摸牛肚，家貨剩億萬；
摸春牛，年年有餘。

　　近代的台灣已不再舉行古禮中的「迎春禮」和「鞭春禮」，只頒定每年立春日為「農民節」，藉此獎勵當年度的傑出農民，是一種有意義的社會活動[25]。而現代的春牛已異於古俗泥布糊塑，改以竹骨和層層紙糊黏製而成，非常堅固，可耐眾人碰觸。

台南土城聖母廟新春盛行舉辦摸春牛活動／謝宗榮攝

此外，隨著風俗民情的不同，各地都有特殊的元宵活動，如每年新北市平溪放天燈、野柳淨港過火儀式，年年吸引遊客如織。台南鹽水則有迎關帝放蜂炮驅瘟的傳統，活動期間往往吸引眾多國內外旅客、媒體，瘋狂前往參與。台東則有熱鬧的炸寒單爺迎財神活動，越炸越發，遊客、媒體競相拍攝。而苗栗一帶的客家習俗盛行烤龍炸火龍，苗栗後龍有射炮城活動；台北市內湖有攻炮台、夜弄土地公的元宵活動，活動期間皆熱鬧滾滾。後來由官方舉辦的台北燈會（自1990年起）甚至發展成著名的「台灣燈會」，在在吸引無數觀眾扶老攜幼熱烈參與，屢屢締造民俗節慶的熱鬧盛況。

元宵時台南鹽水商家競作的風火輪蜂炮／李燦郎攝

鹽水蜂炮

有句俗語說「北天燈、南蜂炮、東寒單、西乞龜」，南蜂炮指的便是台南市鹽水區的蜂炮，這種元宵習俗已經被視為國際觀光節的熱鬧焦點，對於喜歡尋求感官刺激的人而言，鹽水蜂炮不啻為最佳體驗。相傳清光緒年間，昔時的鹽水鎮遭逢瘟疫肆虐，讓原本就日漸蕭條的小鎮雪上加霜，每天都有人逝世，鄉民為求自保紛紛離家求生，殘存的鹽水人無計可施，相信一定是有邪魔作亂，因此請出鎮上武廟的關聖帝君（關帝爺）於元宵夜巡遶境，沿途大放煙火炮竹，幫關帝爺助威，驅除邪祟，沒想到肆虐二十幾年的瘟疫竟然因此絕跡，從此鹽水人深信迎關帝及放炮竹能驅瘟

降魔，對此也深信不疑，每年相傳沿襲，遂成為台灣頗具民俗觀光特色的元宵節慶[26]。

　　每年一到元宵節，便有成千上萬的人湧進台南鹽水，為了防止被火力四射的蜂炮炸傷，必得全副武裝，頭戴安全帽，脖子及臉須以毛巾或口罩保護，手上戴手套，並著長袖長褲，全身施以層層的嚴密保護，不可留有空隙，然而每年仍頻傳民眾遭蜂炮不慎炸傷的意外事件。鹽水區居民對於酬神從不吝嗇，家家戶戶或是主要商家每年皆會斥資自行製作或請人代製蜂炮，儘管一夜燦爛價值數千萬，為了驅除瘟疫永保地方闔境平安，仍捨得如此夜擲千金。各種威力十足的沖天炮式蜂仔，被整齊地插在木條作成的炮巢上，「風火輪」、「煙火瀑布」、「火獅」、「關聖帝君」等造型近年來不斷推陳出新，更添新鮮、刺激感。蜂仔的炮心相連，只消一炮燃起萬炮連響，有如群蜂傾巢而出，屆時煙哨、火光四射亂竄，場面壯觀刺激異常，卻也驚險萬分。

火光四射的台南鹽水蜂炮
／李燦郎攝

元宵節台東熱鬧的炸寒單爺活動／李燦郎攝

台東炸寒單爺

　　台東元宵節有非常著名的炸寒單爺活動，寒單爺原本為「玄壇爺」，訛音而寫為「寒單爺」，祂生前是商代武官趙公明，因善理財而致富，武王伐紂時，為國捐軀，《封神演義》中封為「金龍如意正一龍虎玄壇真君」，據載其為五路財神之首，故民間尊奉為「武財神」，也有尊稱為「銀主公王」。

　　民間俗信財神越炸越發，所以每年元宵台東玄武堂便舉辦炸寒單爺的活動，由青壯的男子化身寒單爺，或是勇敢而許願的男性，上身打赤膊、腰穿紅短褲、頭戴紅帽，外圍一條寫有「寒單爺」的黃頭巾，兩頰以毛巾保護，胸前掛著平安符的香火袋及神明的寶印，被四人扛抬站在藤椅上，一手扶住從椅背延伸出來的支架，一手持一串新鮮榕樹枝以示驅邪，必要時揮閃以保護臉部，以免被信眾無意炸傷。[27] 由於民眾深信神明護體、附身的說法，往往肆無忌憚砲轟，赤身肉體的寒單爺難免掛彩，有時甚至窒息昏倒。雖然這項活動危險性高，信眾為了祈求象徵財富的寒單爺親身巡境，以及越炸越發的信仰，使得此一習俗歷久不衰，深受民眾歡迎。

元宵節台東炸寒單爺的裝束／李燦郎攝

平溪放天燈

　　台灣元宵節有句俗語「北天燈、南蜂炮、東寒單、西乞龜」，北天燈指的便是著名的平溪放天燈。天燈原本是新北市平溪區十分一帶居民所流傳的元宵習俗，後來因為平溪天燈的盛名而逐漸流傳到台灣南北各地，每逢重要的廟會節慶，隨處可見販賣天燈的小販以及民眾添購天燈祈福的畫面。

　　天燈相傳是三國時代劉備的軍師諸葛亮征討南蠻時，為了夜間可以保持對外聯絡軍情，而以自己的帽子為造形所發明的，所以天燈又稱為「孔明燈」。此俗後來流傳到福建、廣東一帶，變成上元節、中元節都有放天燈的習俗。而平溪十分一帶的居民自清代以來即保有放天燈的習俗，其原本作用是因兩地位於昔日台北縣山區，早年交通不便，以及土匪窩藏在內，上山開墾的漢人，時常遭受殺害或打劫。因此每逢歲末寒冬，村民為了躲避盜賊的殺害與打劫，便盛行施放天燈作為信號，用以通知村民可以安全返家，同時也是向鄰村親友互報平安的重要通訊工具。後來又逐漸演變成平溪和十分村民，元宵節時向上天、神明許願祈福的天燈。

　　天燈的裡面以竹蔑為支架，外面再糊上紅色油皮紙或白色的棉紙，作成上寬下窄的燈狀。燈內支架上放有一疊浸泡過煤油與沙拉油的金紙，利用熱氣球原理，於燈面寫上姓名及祈福話語後，點上金紙，待熱流充滿燈內，天燈便會隨著熱氣冉冉上升[28]，夜空中滿布高高低低的昏黃天燈交織著繁星點點，形成一幅極為動人的畫面，人們相信隨著天燈越飄越高，許願祈福的人運道也會越來越好，這也是何以近數十年來天燈普受民眾歡迎的主要原因。

平溪天燈節施放天燈祈福
／謝宗榮攝

元宵民眾聚集平溪施放祈
福天燈／謝宗榮攝

野 柳 迎 神 淨 港

　　位於新北市的野柳，因為是漁港，元宵節時有個特別的傳統習俗是「迎神淨港」（洗港），該地祭祀迎神的活動與眾不同，不但邀眾神到漁港中淨港（洗港），上岸之後還要舉行過火儀式。每年舉行野柳淨港的便是位於漁港旁的「保安宮」，相傳宮內所祀奉的開漳聖王，是清嘉慶年間居民在外海捕漁時，在海上突然出現一艘載滿許多建材及一尊神像的船，因此便將船隻引回野柳用其材料來建廟並供奉。後來據說開漳聖王透過乩童告訴村民「想在元宵當天下港」，因此才在當地有了每年農曆正月十五日，舉行「神明淨港過火遶境」的慶典儀式[29]。

　　淨港的目的主要是該村保安宮開漳聖王暨諸神金身親自遶境、巡洋淨港，希望藉助神力清淨海域，驅除邪祟，以祈風調雨順、國泰民安、海不揚波、海財大進，俗稱「祈平安」。淨港的宗旨便是在去穢辟邪，藉助神力庇佑野柳漁港及漁船，使港舟平安，魚貨滿艙。

　　完整的淨港儀式包括：請神、過爐、巡境、炸轎、鍾馗除煞、過海淨港、開火路、安五營等。近年來淨港活動通稱為「野柳淨港過火文化祭」，主要分為三部分：「淨

元宵節熱鬧的野柳淨港文化祭吸引許多民眾前往參觀／謝宗榮攝

野柳淨港神明登船巡海除祟祈漁貨滿載／謝宗榮攝

一一三

海巡洋」、「神明淨港」以及「過火儀式」。

　　元宵節當天，野柳村的信眾都會聚集到保安宮祭拜上香祈福，而廟中諸神的分身如開漳聖王、媽祖、周倉和土地公等則被分別請上許多四抬武轎（輦轎）內，每頂再由轎班的四名擅泅的壯丁抬著在村內遶境，驅除邪祟，神明和轎班信眾會先被請上船，許多艘漁船一起先行淨海巡洋驅邪除穢。

　　後來再由保安宮廣場前的漁港岸上，連人帶轎及神明皆一起跳入漁港裡，待遊過一百多公尺後在對岸登岸。後來在其他岸邊空地上早就有專人鋪好一堆長方形的炭火，由法師灑上鹽米清淨降溫開火路後，神轎便由人赤足扛行奔過尚冒著白煙的炭火堆，舉行「過火」的儀式，淨身後，將眾神明請回廟中安座，就完成整個迎神洗港、過火祭神的活動[30]。野柳淨港活動，長年都以保安宮為主辦廟宇，期間曾遇保安宮廟宇整修期，活動則改由附近的仁和宮主辦。

野柳淨港活動神轎連人帶神一起下水淨港／謝宗榮攝

苗栗㸌龍

民間俗諺有謂：「北天燈、南蜂炮、中㸌龍、東寒單」，說的便是苗栗的「㸌龍」活動。台灣的客家人也有句俗諺說「月半大過年」，意思是客家人過元宵比過新年還熱鬧，這天家家戶戶除了吃湯圓（不同於元宵）、吃菜包（又稱「豬籠粄」）、上燈、賞燈、猜燈謎等過節習俗外，還有重要的傳統活動「㸌龍」。

苗栗㸌龍是源於苗栗客家地區於元宵節所舉辦的炸火龍過新年之慶典演變而來，相當熱鬧有趣，㸌龍為客語發音，亦即「炸龍」的意思。這項舞龍神的「迎龍」活動，可為民眾帶來祥瑞之氣與五穀豐登。「㸌龍」即以大量鞭炮、蜂炮去炸舞龍，以祈驅邪迎新。㸌龍的六個程序為：糊龍、祥龍點睛、迎龍、跈龍、㸌龍、化龍返天等。

2014 苗栗炸火龍 / 張家珩攝

以鞭炮炸火龍現場。圖為 2014 苗栗炸火龍 / 張家珩攝

圖解 㸌龍六部曲

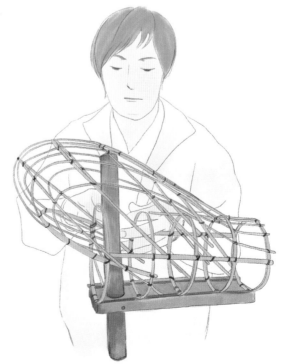

① **糊龍**

糊龍即由龍主取材製龍，於元宵節前完成。

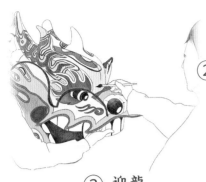

② 祥龍點睛

元宵節當天下午，將祥龍帶至土地公廟，遵古禮開光點睛，祈求天神賜降神靈瑞氣，附於龍身，藉神龍遶境參拜，護祐蒼生。

③ 迎龍

客家人相信「神龍」登門參拜，等於「神明造訪」，能為地方消災解厄，給家戶帶來吉慶鴻運。

④ 跈龍

一般人認為，跟著舞龍游走，能帶來吉祥平安之福氣。

⑤ 塉龍

俗信龍愈火旁（炸）愈旺，迎龍時燃放鞭炮，有恭迎神龍的靈氣驅邪納吉之意，一方面慶賀助興，一方面增加年節熱鬧氣氛。

⑥ 化龍返天

炸完龍後，龍隊須返回龍籍點睛的土地公廟「謝神化龍」，表功德圓滿送龍神返天之意 。[31]

後龍射炮城

　　苗栗後龍地區的民眾盛行元宵時「射炮城」，這個習俗相傳是源於清朝時期後龍地區為瘟疫所苦，民眾的生命也朝不保夕，經由慈雲宮主神媽祖指示後，在廟前架設炮城，讓民眾連著三天射炮城驅邪，經由大量火藥煙硝消毒淨化後，果然平息了瘟疫的肆虐，大家非常感念媽祖的恩德庇佑，此後便每年於元宵節舉行三日的射炮城活動，以祈禳瘟驅邪，閤境平安。

　　所謂炮城是竹架布糊或鐵皮製成的一座城樓，高高懸掛在約三層樓高的竹竿上，城樓內再放火藥，再由擅投擲的民眾輪番試著投擲點燃的排炮，看誰可以看準城門口而投入城樓內引燃火藥與鞭炮炸響，射中者，可以博得滿堂彩，還可獲得主辦單位贈與的獎品作為鼓勵 32。

苗栗後龍慈雲宮舉辦射炮城活動／李燦郎攝　　　　苗栗後龍高懸半空中等待被投擲鞭炮的炮城
　　　　　　　　　　　　　　　　　　　　　　　／李燦郎攝

內湖攻炮台

　　台北市內湖地區向來也有類似於苗栗後龍射炮城的「攻炮台」之元宵活動，既往皆由內湖區公所主辦，活動始於 1994 年，迄 2010 年止，因近年環保意識逐漸抬頭，認為大量鞭炮污染環境，攻炮台過程也較危險，原本接辦的護國延平宮決議於 2011 年起停辦「攻炮台」，改採傳統猜燈謎晚會形式的上元活動。

　　昔日內湖「攻炮台」會由主辦單位擇地事先搭建類似一座大紅磚城門圖案的平面建築，上面再分別高懸一圓形吊盤，內置鞭炮，另由三人合抬一人，以騎馬打戰的方式往前衝，讓上面的人對準高懸的圓盤，來投擲點燃的排炮，看誰丟的又快又準，可以點燃圓形吊盤內的鞭炮，便可獲得獎勵。往往也吸引各工商團體與學校教育單位之選手，踴躍報名參加競賽，活動熱鬧異常，民眾也歡欣鼓舞的歡度元宵假期。

2006 台北內湖上元節舉辦刺激的攻炮台活動／謝宗榮攝

2006 台北內湖上元節有熱鬧的弄土地公活動　2009 台北內湖弄土地公活動／謝宗榮攝
／謝宗榮攝

內 湖 夜 弄 土 地 公

　　在民間信仰中，最基本的社廟便是土地公廟福德祠，
一般每逢初一、十五時，百姓多會到福德祠敬拜祈求平安，
所以緊接著新年的元宵節，百姓仍有著相當濃厚的過節氣
氛，因而會有特別的慶祝活動，有些地方便流傳有「弄土
地公」或「夜弄土地公」的特別活動，如台北士林、內湖
自日治便有弄土地公的活動。台北內湖梘頭福德祠的「夜
弄土地公」尤為著名，活動約傍晚六點開始，將石雕土地
公請出來，以前是由四名年輕壯丁抬著土地公石雕神像的
四輦神轎遶境，沿途民家捐獻大量鞭炮，並由專人倒掛於
石刻的土地公身上再點燃，滿街煙哨爆響，光熾與火舌四
處流竄，著實令身歷其境者，深深感染著激奮昂揚的熱鬧
歡騰氣氛。近幾年受到北港迎熱鬧炸虎爺的影響，而捨炸
四輦轎，改用鐵鑄鏤空神轎，地面上再置放好幾串長連炮，
或是往神轎上傾倒大量鞭炮，一起點燃，也是充滿聲光熱
鬧效果，火舌威赫，刺激驚險，往往吸引許多信眾前往觀
賞，一起歡度興奮刺激的元宵佳節。

台灣燈會

　　元宵節本是民間流傳久遠的傳統節日，後來官方願意出資結合民間企業團體和寺廟團體共同籌畫大型且熱鬧的元宵燈會。台灣燈會的前身原為「台北燈會」，台北燈會早在 1990 年便開始由交通部觀光局主辦，地點設在台北市的中正紀念堂，故被稱為「台北燈會」。

　　許多台北市的企業團體和寺廟團體也都願意共襄盛舉，出資請人設計大型燈會花燈，每座可高達四、五十萬以上，加上每年都會配合漢人傳統十二生肖，特別設計主題花燈展，並以定時雷射播放，五光十色、造型生動。

　　除了大型花燈展，也會結合市井小民的創意，分為國小組、國中組、高中組、社會組的花燈競賽，參賽作品於中正紀念堂外圍長廊內展出。此外，門口亦展有對聯燈、民俗工藝、美食街、民俗百戲（舞獅舞龍、民族舞蹈、山地舞蹈等），並發放小提燈。每年台北燈會的花燈競賽美侖美奐，往往吸引成千上萬的人潮前往觀賞，一同歡度元宵佳節。

　　後來中央政府考慮觀光資源分配南北平衡的觀點，而開始改由各地方政府爭取輪辦各屆的「台灣燈會」之主辦權，自 2001 年蛇年起開始由高雄市政府、台中市政府、台南市政府、新北市政府、宜蘭縣政府、嘉義縣政府、苗栗縣政府、彰化縣政府、新竹縣政府、南投縣政府等陸續主辦該縣市的「台灣燈會」，使台灣各地的民眾皆可不用奔波太遠，得以一覽集許多優秀的花燈師傅精湛且美侖美奐的元宵花燈藝術之美，賞心悅目的各式人物花燈、動物花燈、花鳥花燈、卡通人物造型的花燈、環保花燈、加上現代化科技雷射燈光秀、LED 燈的呈現，也讓國內外眾多熱衷賞燈的元宵燈迷大飽眼福。

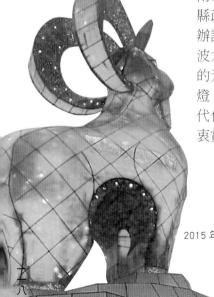

2015 年台灣燈會羊年之主燈 / 吳漢恩攝

| 1 | 2 |
| 3 | 4 | 5 |
| 6 |

1.台北燈會中精緻雄偉的北方玄武花燈／謝宗榮攝
2.萬華龍山寺平安總燈／謝宗榮攝
3.2012 年鹿港台灣燈會／謝宗榮攝
4.龍年台灣燈會主燈秀／謝宗榮攝
5.2014 年南投台灣燈會中璀璨的「珍禽爭豔」花
　燈展／李秀娥攝
6.2015 年台中台灣燈會台中公園場／梁明雄攝

元宵燈謎

　　元宵節除了欣賞美麗奇巧或壯觀的各式花燈，最常舉辦的便是元宵猜燈謎晚會，舉辦單位有時是廟方、官方單位，結集捐贈獎品的人士，共同促成猜謎獎品的贈與，希望皆大歡喜。燈謎原本是文人雅士的樂趣，將慶元宵與猜燈謎的結合，則始於宋代，至於燈謎的內容，五花八門，古今皆有。

　　以下試舉一些燈謎題目，例如：「小小諸葛亮，穩坐軍中帳，佈下八卦陣，捕捉飛虎將」（猜一昆蟲名）（解答為「蜘蛛」）、「黃金布，包銀條，身體彎彎兩頭翹」（猜食物）（解答：香蕉）「烏龜下樓梯」（猜一俗語）（解答：連滾帶爬）、「山在虛無飄渺間」（猜地名）（解答：霧峰）、「豬八戒照鏡子」（猜一俗語）（解答：裡外不是人）、「一口咬掉牛尾巴」（猜一字）（解答：告）、「十個哥哥」（猜一字）（解答：克）、「王先生二十歲」（猜一字）（解答：弄）、「不上不下，不歪不正」（猜一字）（解答：卡）。

　　燈謎題目難易不定，得看觀眾的興趣與機智反應，有的題目得讓觀眾猜上好幾回才有人猜著，孩子們也會自己競相舉手，或是一直鼓勵爸媽舉手猜燈謎，好贏得紅包或抱獎項回家，讓元宵節成為充滿知性樂趣的一天。

彰化南瑤宮舉辦的元宵燈謎晚會／謝宗榮攝

（八）作頭牙（土地公生）

　　農曆的二月初二和八月十五日，是土地公的兩個重要的神誕千秋日，習俗上每月的初二、十六皆是「作牙」的日子，也是祭拜土地公的日子，而二月初二則稱為「頭牙」，十二月十六則稱為「尾牙」，也有地方習俗是以正月初二為頭牙的。一般「作牙」要「打牙祭」，據《辭海》記載牙祭：「1.衙祭也。黃廷玉《拾慧錄》引《匯東手談》，載葉石林謂節度使藏節之節堂，每於塑望之次日祭之，號曰牙祭日。2.祭餘饗客也。」[33]

　　相傳「牙」是古時代買賣賺取佣金的仲介人（或管理人），稱為「牙郎」或「互郎」。古代買賣不用貨幣，以物易物，這種「物物交易」必須有人管理，就是互郎。這種交易是「集市式」的，一般都定在朔望日，就是初一（初二）、十五（十六）這兩天。在約定好的一天，大家都會把東西送到集市地點互相交換，即成為「互市」。「互市」之前，商人都要先拜福神（土地公）祈求大發利市，然後招待工作人員和顧客，一方面慰勞工作人員，另一方面感謝顧客的照顧。這種習俗就是「互祭」，唐代時，「互」字改成「牙」字，所以稱為「牙祭」[34]。所以台灣民間習俗也盛行每月陰曆初二、十六作牙祭拜，頭牙、尾牙日皆會

宴請員工或賓客。

　　土地公又稱「后土」，民間崇奉土地公應與古代社稷神的祭祀相關，人們依賴土地作為居住所在，以及由土地所滋長的穀物維生，因此與古代「社」的形成及祭祀活動有密切關係。人們為了感謝土地神賜予農作的豐收，擴及到日常事業生意的興隆，故而被視為財神的土地公（福德正神），也成為民眾每月兩回頻繁祭祀祈福的重要對象。

　　民眾除了在家中或商店舉行祭拜、犒賞員工或親友聚餐的活動外，有的也會準備祭品特別到庄頭（或角頭）的土地公廟上香祭拜。少數民眾會保留在頭牙插土地公拐請土地公守護田頭田尾，多數農民則盛行在中秋土地公聖誕時，再插土地公拐。

　　俗語說「頭牙早，尾牙晚」，原本頭牙祭祀的時間會選在二月初二的早上，後來則不再遵守此俗，而商家多在下午祭拜。一般做生意的商家每逢初二、十六作牙拜土地公和犒將，而一般的民家則多選在初一、十五祭拜。也有些地區是將初一、十五或初二、十六的祭拜稱做「拜門口」，以祭拜好兄弟老大公的方式祈求平安。

1

2

1. 南投市平山里德聖宮所供奉的福德正神原為石碑神位／謝宗榮攝
2. 手捧如意與元寶的福德正神象徵賜財如意／謝宗榮攝

頭牙土地公聖誕信眾在台北文湖福德宮通疏祈福／李秀娥攝

早期常見的印刷土地公神
禡／謝宗榮攝

　　作頭牙拜土地公的供品可備牲禮（三牲）、四果，此外，應節的供品是「春捲」（潤餅），以潤餅皮包豆芽菜、紅蘿蔔、筍絲、豆乾絲、肉絲、香菜，再裹上花生粉等，即成美味可口的春捲。

　　俗語說「頭牙沒作，尾牙空；尾牙若擱再沒作，就不親像人」，意思是說做生意的人，頭牙若沒作的話，到了年尾的尾牙，錢財就會空空如也，土地財神便不會特別庇佑；到了尾牙再不祭祀感恩的話，簡直就不像人，這句話是奉勸民眾應該注意頭尾牙的祭拜，神明才會庇佑財富興旺。

每月初二、十六作牙，一
般建築工地也會備供品祭
拜／李秀娥攝

⑨ 犒將（犒軍、賞兵）

　　民間相傳地方上平時都會有一批神兵神將協助各地主祀神，尤其是王爺神，而擔任村莊或聚落的巡邏守衛隊，鎮守邪祟以免入侵聚落，並為地方百姓帶來居家平安，為了感謝這批守衛隊的神兵神將，民間固定每月初一、十五或初二、十六，準備豐盛的供品以祭拜之，稱為「犒將」、「犒軍」或「賞兵」。

　　所犒賞的便是五營兵將，即東、南、西、北、中五營的神兵神將，一般奉有五營兵將的廟宇，廟內多以五營頭（即元帥和聖者共五位的偶頭）、五營旗（五色令旗）代表之。五營兵將及其兵員多寡請詳參下表：

金瓜石五府宮供奉的五營將軍／謝宗榮攝

彰化埔心鄉瓦中村西營將軍廟內五營令旗／胡文青攝

西營

彰化埔心鄉瓦北村西營將軍／胡文青攝

北營

彰化埔心鄉瓦中村北營將軍廟內五營令旗／胡文青攝

南投彩繪的東營將軍／謝宗榮攝

彰化埔心鄉瓦北村北營將軍／胡文青攝

彰化埔心鄉瓦南村東營將軍／胡文青攝

東營

五營兵將一覽表[35]

營名	東營	南營	西營	北營	中營
旗（臉）	青	紅	白	黑	黃
元帥與聖者	張聖者（基清）	蕭聖者（其明）	劉聖者（武秀）	連聖者（忠宮）	李元帥（哪吒）
	羅昆	文良	羅燦	招賢	
兵頭	胡其銘	蔡坤君	金記宿	王直元	吳德祥
軍隊	九夷軍	八蠻軍	六戎軍	五狄軍	三秦軍
軍馬	九千	八千	六千	五千	三千
兵員	九萬人	八萬人	六萬人	五萬人	三萬人
請神方位	東方甲乙木	南方丙丁火	西方庚辛金	北方壬癸水	中央戊己土
調營法器	七星劍	月斧或銅棍	銅棍或鯊魚劍	鯊魚劍或月斧	刺球

附記：元帥系統頗多，謹錄二組。原製表者／梁瑞蓮。

彰化埔心鄉五營將軍雖同一祭祀圈，但瓦中村東營將軍廟內除了五營令旗，還有供奉東營將軍神像／胡文青攝

中營

台中清水地區將軍廟內南營令旗／吳漢恩攝

彰化埔心鄉瓦南村南營將軍／胡文青攝

彰化埔心鄉瓦中村中營大將軍，內供奉中壇元帥太子爺／胡文青攝

南營

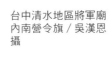

1. 台北內湖普恩宮供奉的五營將軍與營旗 / 李秀娥攝
2. 台南安平廣濟宮供奉的五營將軍與營旗 / 謝宗榮攝
3. 安有竹符的嘉義大林五營祠 / 謝宗榮攝
4. 南投五營祠 / 謝宗榮攝

一般廟宇的中心供奉五營兵將的內營，而在神明管轄境域內則安有外營，有的集中設置五營祠，供民眾祭拜以保護鄉里，或是在村里境域的五個方位設立各營將寮，有的則僅安設五營的竹符，而不特別搭設營祠。

有些地方的生意人在初二、十六拜完土地公後，再拜門口，祈求好兄弟庇佑生意事業興隆。犒將時，如果地方信仰中心的宮廟有舉行集體犒將，民家則將供品、金銀紙（其中特別需用「甲馬」）攜到廟前祭拜；若無宮廟集體祭祀，則由民家於門口自行祭拜。

犒軍祭拜時敬獻的甲馬／
謝宗榮攝

彰化鹿港奉天宮犒賞五營兵馬／謝宗榮攝）

㊉ 清明掃墓

　　「清明」是二十四節氣之一，根據曆算定在每年「冬至」過後的一百零六日，也是「春分」後的第十五日，約在陽曆的四月五日，正是萬物潔淨，花卉草木生長於一片氣清景明的氣氛中，故稱「清明」。而清明節前二日為「寒食」禁炊，古時原本有些民眾會於該日踏青掃墓，並折柳枝插在身上，返家後再於門上「插柳」，一是辟邪，一是取其「青春須及時」之意，但後來漸漸失去這個習俗。

　　漢民族傳統上多於「清明」時節或是農曆三月初三的「上巳節」（即古代需沐浴的「修禊日」，民間多稱「三日節」或稱「小清明」、「古清明」）進行全家「掃墓」和郊外「踏青」的活動。由於各地習俗或祖籍不同，舉行掃墓的日期也不相同，如漳州人多重「小清明」的掃墓，但一般民眾多以「清明」為主要掃墓祭祖的時節；也有居民習慣以清明前後十日為彈性掃墓期，可以避開清明正日掃墓熱潮，無法上山停車的困擾。清明節當天除了得至祖墳掃墓上香，家中也需祭拜祖先，故掃墓或培墓的時間多在上午便已開始進行。而客家人則多在元宵過後，即正月十六日開始掃墓，桃園一帶的客家人則約在春分後第一個星期天即可開始掃墓，時間直至清明期間皆可。

　　清明一到，一家大小攜帶各種相關祭品前往掃墓，先將墳上累生的雜草以鋤頭或鐮刀拔除，或另外栽植桂花、松樹等，並檢查墳塚是否有崩塌處再填以新土，待墳墓區收拾妥當，便執行「掛紙」或稱「壓墓紙」的儀式，象徵蓋厝瓦，以示該墳塚有後代子孫在祭祀。

清明掃墓民眾為祖墳整理墳草／謝宗榮攝　　　　清明時節眾人相約為祖墳掃墓壓墓紙／謝宗榮攝

一般墓紙有分黃色的「古仔紙」以及紅、黃、藍、綠、白的「五色紙」兩類，各地使用的習俗不同，漳州籍多用黃色古仔紙，泉州籍（含同安人）多用五色紙，對於墳塚本身局部置放壓墓紙（或稱掛紙）的總數，採奇數為主，另外再對后土神置放一處壓墓紙。置放壓墓紙時，希望有吉祥兆頭的人會在墳塚上掛紙處，以石塊、磚塊等壓住一兩張（或一疊）古仔紙或五色紙，特別擺出一個「士」字，如墓碑、左右墓手、左右墓腰、墓中、墓後等七處，象徵「七星墜地，子孫出士」的吉兆，祈使家中能栽培出善於讀書的子孫輩。

至於傳統客家人在掛紙時更為講究，會將一疊淋有雞血的黃色古仔紙，以鋤頭挖一塊綠色草皮壓在墳頭上，然後在墳地四周擺上十二張「銀紙」，有驅邪除煞的象徵作用；但現代客家人已漸漸失去此一傳統，而是在墓碑和后土部分以草皮或石、磚等壓上一疊古仔紙，其餘則在墳上四處壓上一、二張古仔紙，象徵作為替祖墳蓋瓦厝之用。

至於新墳清明時則需「培墓」，舊墳才稱為「掃墓」，新墳是以新亡或撿骨後未滿三年者稱之，也有人是以一年計。祭拜時，得先祭后土再拜祖先，祭后土時得準備豐盛牲禮（三牲或五牲）、蠟燭一對等；若是新墳，則必須供五牲、湯圓以及鼠麴粿或草仔粿、紅龜粿、丁仔粿、六道或十二道飯菜，祭拜后土需用「乾茶」（杯中只放茶葉）。至於培墓祖墳，則準備兩束鮮花、一對蠟燭、牲禮或十二

清明培墓以牲禮、龜粿、水果祀后土／謝宗榮攝

1　2

1. 清明培墓家屬持香祭祖
　墳／謝宗榮攝
2. 清明也為夭折的孩子掃
　墓壓墓紙／謝宗榮攝

道飯菜和粿類（如紅龜粿、丁仔粿、鼠麴粿或草仔粿）。若是舊墳掃墓時，供品則較為簡約，隨人心意而定。

　　至於所供奉的金銀紙，則視新墳或舊墳，若是新墳北部則以福金（土地公金）、壽金拜后土，以壽金、銀紙（大小銀皆可）拜祖先，南部人士則以九金、九銀敬奉祖先，中部人士則以蓮花金、四方金（福金）、足百壽金、銀紙敬奉祖先；至於舊墳北部則以壽金、刈金敬奉祖先，銀紙因為被視為零鈔，現在有的人則不用；南部人則仍以九金、九銀敬拜祖先，中部人士則以足百壽金、四方金來敬奉祖先。

　　收拾供品離開前，要將祭拜過的雞蛋、鴨蛋在墓碑上打破，再將蛋殼撒在墳上；也有將春乾（魷魚乾）剝下，撒在墳上，此舉有象徵祖先「脫殼」或「蟬蛻」的重生解脫之意，或是指新陳代謝之意。另外，以前習俗上也有將

寫有「財丁兩旺、富貴雙全」的培墓燈／謝宗榮攝

　　將祭拜完的紅龜粿、鼠麴粿分給當地前來乞討的小孩吃的，稱為「揖墓粿」或「乞墓粿」，此有祖德流芳之意，現在因生活富庶已罕見此俗。也有人怕若不將祭拜的墓粿送給乞討的小孩吃的話，擔心這些小孩會惡意破壞祖墳，故多不敢得罪他們。

　　台灣習俗中，若家中有長子娶媳婦、添丁生子、置產等喜事，一定要培墓，昔日有添丁者培墓時，需特別準備一對「子孫燈」、「培墓燈」（俗稱「番燈仔」、「四丁仔」），上面寫有「子孫興旺」、「添丁進財」或「財丁兩旺」、「富貴雙全」等吉祥字句。祭拜前，先在祖先墓前燃燭祭祀，將之小心置於子孫燈內，不能熄火，一路護送回家，掃墓返家後立即將子孫燈安放於祖先神桌前。據說這種「子孫燈」，具有祈求「添丁發財」、「子孫興旺」的吉祥兆頭。所以清明掃墓可說是漢人對已故祖先表達慎終追遠，並祈求祖先護佑後代子孫的殷切期望。

一

二

三

端午節

半年節

開天門

每年陰曆五月初五，被稱為「端午節」，又稱為「重五節」、「重午節」、「五月節」、「端陽節」、「蒲節」、「天中節」。

每年陰曆的六月初一至十五日為半年節，祭祀酬謝玉皇、三界眾神之日。

六月六日的重六，民間照例也有節日，即是「天貺節」，也就是天將賜福給人間的日子。

端午張貼辟邪的五毒符
／謝宗榮攝

八卦香包為端午節辟邪物／謝宗榮攝

補運時的改連經／謝宗榮攝

四 七夕七娘媽生

每年陰曆的七月七日即「七夕」，也是民間故事傳說中織女與牛郎一年一度相會的日子。

五 中元普度

每年七月俗稱「鬼月」，是神明為體恤長期受幽禁之苦的孤魂滯魄（俗稱好兄弟），讓他們暫時回到人間，接受百姓的普度施食。

台南開隆宮成年禮狀元遊街前往孔廟參拜／謝宗榮攝

中元拜好兄弟所需敬獻的經衣／謝宗榮攝

端午民家虔備豐盛供品祭拜祖先／謝宗榮攝

（一）端午節

　　端午節是中國人重要傳統節日之一，每年陰曆五月初五，被稱為「端午節」，又稱為「重五節」、「重午節」、「五月節」、「端陽節」、「蒲節」、「天中節」等，原本古代每月初五都稱為「端午」，直到唐代「端午」才成為五月五日的專稱。古代原本就有划龍舟祀水神用以消災祈福的活動，後來則演變成傳說端午節主要是為了紀念戰國時代的愛國詩人屈原，因受佞臣挑撥不受君王重用，憂國憂民的一片心意無法上達君王，傷心之餘投汨羅江自盡，百姓不忍心屈原屍體受到魚群的啃食，因而沿江划船敲鑼打鼓，並且投下許多竹筒飯（粽子的前身）餵魚，因而發展成端午節划龍船、裹粽子祭拜的習俗。

　　近代為紀念愛國詩人屈原，定該日為「詩人節」，各地詩會則舉辦吟詩活動紀念屈原。應節供品主要是粽子，隨各地習俗不同，而有各種口味的粽子，包括肉粽、鹹粽、

古代「禳災集福」的送瘟船版印（楊永智拓印）／謝宗榮攝

粿粽以及外省口味紅豆粽子等。而台灣泉州人移民後裔為主的地方，則有盛行端午節吃煎堆的習俗，流傳台北龍山區、彰化鹿港、台南安平、嘉義北港等地，其餘地區罕見此俗。據說此俗有說端午時節天常下雨，而稻穀幾近成熟，民俗便有用煎堆餅補天穿破洞以致下雨之說[36]。

端午節時家家戶戶要在門口懸掛菖蒲、艾草和榕枝（以前還插著龍船花）所編成的辟邪物，因為菖蒲形如刀劍可辟邪，而艾草可治病保健，榕枝長青亦可辟邪。也有說菖蒲比喻劍，艾比喻旗可禳邪招福，如「艾旗招百福，蒲劍斬千邪」[37]，這幾樣亦可當天拿來洗澡，作藥草浴，據說可以消毒治百病。端午行藥草浴的歷史相當早，早在《大戴禮記》中便記載著五月五日：「蓄蘭，為沐浴也」，而清道光年間的《廈門志》卷一也記載著福建廈門有「浴百草湯，曰蘭湯」之俗[38]。

民間也相信端午時節，五毒（蛇、蜈蚣或蜘蛛、蠍子、蜥蜴、蟾蜍）滋生，怕會危害小孩或大人，所

粽子為端午節重要的應節食品與供品／謝宗榮攝

以要繫五色線、飲雄黃酒、屋角四處灑上石灰、門上懸掛蒲艾以辟邪，而俗信雞會食五毒，具有驅毒辟邪的作用，所以昔日民間會張貼「五毒符」、「雞食五毒」、「虎鎮五毒」或「葫蘆收五毒」的剪紙。祭拜完人人要喝雄黃酒，據說白娘子當初就是喝下此酒而現出蛇形，因此當天要喝雄黃酒或是在屋裡屋外灑上雄黃酒，可以讓邪祟現形，無法加害於人。但亦有中醫謂雄黃有毒性，其實是不宜飲用的，只宜灑在屋角四周防毒蛇與蟲。

又鼓勵人人身上繫著香包或香囊，以零碎綢布或五彩線紮成各種形狀，如老虎、花果、八卦、三角形（粽子形）、菱形、球形等，內裝沉香粉、檀香粉、朱砂、樟腦丸，或以白芷、丁香、木香等研磨成細粉，清香四溢，用以辟邪逐疫。[39]

端午時以藥草沐浴身體謂之「沐蘭湯」／李秀娥攝

端午民家門口懸掛菖蒲、艾、榕以辟邪／謝宗榮攝

八卦香包為端午節辟邪物／謝宗榮攝

是日也有因節日特殊而端午午時陽氣最重，小孩或民眾便盛行競賽誰可將生雞蛋豎立起來的趣味「立蛋」或「豎蛋」習俗，據說若可以將蛋立起來，將會帶來鴻運當頭，也有人說是日太陽直射北半球，太陽引力與地心引力形成兩道相反而拉扯的力量，故耐心一點不要急躁會很容易將生雞蛋豎立起來的。此外，由於鍾馗爺為捉鬼大神，傳統社會中也盛行於端午節在家中張貼鍾馗爺的神像版印，有驅邪避禍的用意。民間也流傳端午當天正午陽氣最盛時取「午時水」的習俗，據說該日午時所取之水，可以長久保存不會腐壞，可作為解熱用。

<table>
<tr><td rowspan="2">1</td><td>2</td></tr>
<tr><td>3</td></tr>
</table>

1. 古代習俗端午張掛鍾馗像可驅邪除穢／謝宗榮攝
2. 端午的趣味遊戲「立蛋」也有帶來鴻運當頭之意／謝宗榮攝
3. 端午正午取午時水／謝宗榮攝

台灣龍舟賽

台北市國際龍舟賽的龍舟口啣金紙庇佑全體平安／謝宗榮攝

　　台灣漢人的龍舟賽會，相傳始於清乾隆二十九年（1764），當時的台灣知府蔣允焄在台南法華寺的半月池舉辦一項類似龍舟賽的女子划船競賽，勾起台灣人對傳統賽龍舟的記憶，慢慢地端午節賽龍舟又開始舉行，最初也只在台南運河一帶舉行，到了清代末葉，台灣各地的龍舟賽會已成為端午節的重要活動，民間甚至有俗諺：「五月五，龍船鼓，滿街路」的說法。

鹿港龍王祭施宣熹道長為龍舟點睛／謝宗榮攝

賽龍舟一直都是端午節最重要的民俗體育活動，昔日為村際間連絡感情的橋樑，據說有的地區也曾一度以奪魁為重，四處雇請比賽的船員，導致村民間不太和諧、不再快樂的景象，其實節慶的運動競賽，應以共同歡度佳節的「其爭也君子」之運動精神為主，才不致有所偏差[40]。

　　以往賽龍舟前，一定要先敬備供品祈請水仙尊王屈原庇佑，再為龍舟以硃筆開光點睛、之後則有「祭江」及「謝江」儀式，整體儀式相當隆重，祭江時由載有屈原尊神的龍舟等，划至江中焚香禱告，並投擲粽子和紙錢（北部地區用刈金、銀紙、經衣），祈求江河或水鬼好兄弟不要危害生靈的安全。

　　昔日人們對「祭江」與「謝江」之禮相當重視，一來感念水神賜給人們飲水、灌溉、洗滌之便，再者傳統深信水中有溺死的「水鬼」存在，而冤死的水鬼若想投胎轉世，則需找到新的亡魂做替身，而有「水鬼捉交替」的說法，因此一年一度的祭江盛會，正是安撫水中孤魂滯魄的最好辦法。

　　以前的龍舟多由舢舨船改裝而成，船首繪有龍目，船

台北市龍舟灑銀紙經衣祭江祈安／謝宗榮攝　　　　台北市國際龍舟錦標賽奪標競渡／謝宗榮攝

身繪有龍形，直到 1958 年台北市政府為慶祝淡水河上的中興橋通車，而訂製兩艘真正有龍首和龍尾的華麗龍船，此後各地才紛紛仿造華麗龍船於端午節競賽。每逢端午節一到，台北淡水河、基隆河、新店碧潭、鹿港福鹿溪、宜蘭二龍村、台南安平運河都有盛大的划龍舟比賽，非常熱鬧有趣。近十多年來萬里鄉野柳漁港、翡翠灣海岸也舉辦大規模的龍舟賽。為了划龍舟，有些地方還保有傳統請水神、送水神的儀式活動。

端午節鹿港龍王祭迎龍王遶境／謝宗榮攝

鹿港龍王祭龍舟遊街／謝宗榮攝

鹿港龍王祭迎水仙尊王登上龍舟／謝宗榮攝

終點裁判台

鹿港龍舟賽選手奪標／謝宗榮攝

二 龍 村 龍 舟 賽

台灣的龍舟賽，相傳在平埔族人時代就有了，生活在水邊的平埔族人，每年都有祭水神的儀式，直到明清時期與漢人接觸後，祭水神便慢慢和漢人的端午節賽龍舟結合在一起，成為特殊的活動。其中莫過於宜蘭縣礁溪鄉二龍村的龍舟賽會既傳統又著名。

礁溪的二龍村最早僅有噶瑪蘭人居住的淇武蘭部落，吳沙率領漢人入墾之後，在隔溪處另外建立了洲仔尾村，兩村之間只隔了一條小溪，但是這條小溪，卻曾淹死不少婦女和小孩，村民相信為「水鬼」作怪，必須請出龍船公和龍船母才能制服，於是便利用農閒時期，派出兩艘龍船在河上來回巡視，才逐漸演變成每年一度的賽龍舟。原本舉辦的時間選在秋收之後，主要的原因是他們一比賽就是十二天，端午期間農事正忙，無法要村民放下工作去賽龍舟。

日治時期曾下令縮短比賽時間，村人沒辦法，只好日益縮減天數，到太平洋戰爭爆發，平坦肥沃的蘭陽平原成

二龍村划龍船——看人幹譙。 宜蘭礁溪二龍村舉辦的龍舟競賽民俗活動相傳已超過二百年，最特別的是，二龍村的龍舟賽不設裁判，不擊鼓，也沒有發令員、計時員，全憑比賽雙方鳴鑼後才開始。兩村從早競渡到晚，也因此常有戰術的運用牽制以及紛爭，以至於「幹譙」之聲此起彼落。

競爭激烈的二龍村龍舟競渡／邱彥貴攝

為盟軍轟炸的重點，賽龍舟的活動也就自然停辦了。太平洋戰爭後，淇武蘭及洲仔尾合稱二龍村，小溪也成了二龍溪，人民的生活逐漸安定與富裕之後，賽龍舟的活動又興起，1967 年開始，便改在端午節舉辦，而賽期也縮短為一天，由於競爭激烈，村庄們反而興高彩烈的競賽。

淇武蘭與洲仔尾兩個村庄的龍舟賽，傳衍迄今已有兩百多年的歷史，兩庄各有專屬的龍舟，是以一般的河船彩繪而成，並沒有安置龍頭。比賽前須先遊河祭拜河神，賽舟規則是採兩庄各一隊，每隊二十個人，不設裁判，勝負的認定全憑觀眾與隊員自行裁決。起跑號令由兩隊之一，認定一個可以即時敲鑼開跑的起點，如果另一方不肯敲鑼跟進，原先出發的那一隊便須折返原點重新開始，這種競賽非常傳統且饒富鄉土趣味 41。

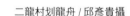

端午準備比賽用的龍舟，
由劉清正師傅所製造 /
謝宗榮攝

二龍村划龍舟 / 邱彥貴攝

（二）半年節

　　農曆六月的天氣一般較為燠熱，有「三伏」之說，即以夏至日起，十天為一伏，稱為「頭伏」、「中伏」、「末伏」。由於夏伏較熱，食慾不振，故人們飲食上較需謹慎。傳統習俗中新娘，初伏時就會被娘家接回家小住一陣子，以免過於勞累，稱為「歇夏」；結婚較久的媳婦也可趁此回娘家小住，省親敘舊。此一習俗現代已不流行，在六月初六、或十六、二十六，任選一日返回娘家，也是「歇夏」的遺習。作媳婦的回娘家時要帶「等路」（禮物），等到回婆家時也要準備禮物，稱為「款禮路」，多則十二項，少則六項，以前多有棟籃、洋傘、扇子、龍眼、木屐、四方糕仔等物，象徵吉祥，現代社會則隨人心意去準備。

　　六月梅雨已過，故有以六月六日為「曝衣節」的古俗，諺語有云：「六月六，曝龍袍。」民間即在此日曝曬衣被、圖書等物；以往老人有準備「壽衣」的習俗，也取出曝曬，稱為「張壽衫」。主要是為了去除梅雨的霉氣，並準備曬後收藏冬衣，此為具有古代衛生教育功能的節日[42]。現代

半年節台北林安泰古厝敬備頂下桌供品酬謝三界眾神／李秀娥攝

半年節信眾在林安泰古厝恭讀自己的祈福疏文／李秀娥攝

社會較少事先準備壽衣，怕觸霉頭。

六月初一到十五日時，有一個稱為「半年節」的習俗，主要是福建閩南地區的漳州人和泉州籍的同安人所過的節日。曆書上把一年分為十二個月，自農曆元月到六月剛好是半年，這個節日主要是慶祝農作的豐收，民眾為了感謝天地三界眾神與祖先的默默庇佑，使得該時節能有豐碩的農作收成，生活飲食無虞，因而準備應節的供品祭祀而來。在台灣早期的漳州籍、同安籍人士，仍保留吃「半年圓」的習俗。先將湯圓和牲禮祭拜玉皇三界眾神及先祖，以示謝恩之意，然後全家才共同食用，也是象徵闔家團圓的美意。但有些地區並沒有過半年節的習俗。

由於半年節多在農曆六月初一或十五祭拜，正逢民間每月初一、十五拜土地公或犒將的日子，所以一般多在當天準備牲禮等祭品和半年圓，一同祭拜三界眾神和祖先的默默庇佑。

半年節許多民眾齊坐林安泰古厝草地上歇夏納涼／李秀娥攝

半年節時小女孩在林安泰古厝所彩繪的紙扇／李秀娥攝

（三） 開天門

　　「開天門」的由來與宋代的「天貺節」有關。《宋史》記載宋真宗大中祥符四年六月六日，天書再降，為「天貺節」。「貺」是賜與的意思。宋真宗年號的「祥符」，也是因為天書而改元。大中祥符元年正月三日，有天書降世，因此改元「祥符」。不過那個天書後來證實是宰相王欽若假造的。

　　最晚在清初以前，已有六月六日為天倉開日的說法。而台北市各市廟則多以六月六日夜裡十一時以後及至七日子時為開天門之時辰，可能是由古代「天貺節」演變到天倉開，再演變而來的。六月初六除了補運外，還有將書籍、衣服等拿出來曝曬的習俗，稱為「曬黴」，這種風俗也是在宋代就有了。台灣則稱為「皇帝曝龍袍」。據說這天曬過的衣服，就不會被蟲咬壞。同時這天替貓、狗洗澡，也可以除蟲治病。當然現代社會中，「皇帝曬龍袍」和該日替貓狗洗澡的習俗，已蕩然無存 43。

　　六月六日的重六，民間照例也有節日，即是「天貺節」，也就是天將賜福給人間的日子。台灣民間相信是日「天門開」，有事祈求也較為靈驗，故常準備牲禮、果品等前往寺廟祭拜祈福，而廟方也有舉行法會，誦經禮懺，消災植福。

台北府城隍廟舉辦開天門
補運法會／謝宗榮攝

一般寺廟有為善信行「補運」的時間，平常多在初一、十五或例假日，到六月六日更被視為補運的好日子，由紅頭法師以「替身」（紙人）為補運者在身前身後劃三次和七次，安鎮三魂七魄；然後呵一口氣將替身丟棄，則歹運也隨之而去；也有用一根藺草連繫後再割斷，即為「割鬮」，也是割除歹運之意。祭品則以米糕為主，上置龍眼一或六、十二顆不等，等法師誦經並上疏文後，即剝除龍眼殼，以寓「脫殼」去除歹運之意，再將象徵福氣的福圓肉親自食用。這一天行補運比較有效，故廟裏也特別熱鬧[44]。

補運時的改連經／謝宗榮攝

補運時所需的男女替身、改連經、米糕和福圓／謝宗榮攝

補運後剝龍眼殼有脫殼使厄運遠離之意／謝宗榮攝

民間盛行該日補運的習俗，有的廟宇並無法師或特別作儀式來補運，而是由信眾自備替身、龍眼、米糕等祭品來拜拜補運。一般會依照信眾家中男丁女口的人數，而準備幾個男女替身和一份補運錢，一份米糕（上有一顆龍眼），並按照人數備妥相同數目龍眼擺在祭品盤中祭拜，敬備金紙（大箔壽金、壽金、刈金、福金、金白錢）、水果、餅乾、壽麵等一起祭拜，祈求上天為信眾消災祈福，等到上香祭拜完後，將替身、金紙一起焚化掉。再將龍眼殼剝下，象徵「脫殼脫離離」，將過去的霉運一起脫去的意思，並給每位家屬吃下屬於他們的那一顆龍眼（福圓），象徵福氣圓滿的意思。例如台北萬華龍山寺、行天宮、迪化街台北霞海城隍廟、大龍峒保安宮等許多廟宇都有舉行開天門補運的習俗，六月初六至初七凌晨，幾乎廟裡整夜不關廟門，讓民眾自行前來祭拜求補運。

（四） 七夕七娘媽生

　　每年陰曆的七月七日即「七夕」，也是民間故事傳說中織女與牛郎一年一度相會的日子，傳說他們自相戀後，牛郎不再下田耕種，織女不再勤於織布，所以被天帝懲罰一年只能相會一次。而天上的七仙女，共有七位姐妹，會保佑人間未滿十六歲的小孩，順利長大成人，而有「七星娘娘」之稱，織女則是排行第七，因而七夕當日皆會拜七仙女祈求庇佑。一般民間對於護佑孩童的七仙女多以「七娘媽」尊稱之，所以該日又稱「七娘媽生」。

　　每逢七娘媽生時，在傳統民間信仰習俗上，便需準備豐盛的供品祭拜七娘媽，並進行十六歲的儀式，民家祭拜的時間多在傍晚；而在同一天也會祭拜床母，時間亦在傍晚；至於夜晚則另有祭拜織女娘娘的「乞巧」活動，有些地方是夜乞巧的祭拜習俗已逐漸消失。

七夕牛郎織女「鵲橋會」版畫，出自濰縣《楊家埠年畫選色版》／謝宗榮攝

台南開隆宮主神七星娘娘／謝宗榮攝

拜七娘媽時，由於七娘媽的神格較高，且有七位，所以傳統上會準備較為豐盛的供品，特別是準備一座七娘媽亭（紙糊燈座），放在供桌中間代表七娘媽的神尊，或是準備一張七娘媽的神禡壓在供桌前緣中間，但有些地方沒有準備七娘媽亭或七娘媽的神禡來祭拜，而是當空呼請。此外，再特別準備毛巾臉盆給七娘媽梳洗用，並備有供品各七份，最主要是準備湯圓七碗，每個湯圓中間再壓一個凹洞，傳說因為織女與牛郎夫妻一年一度才得相會一次，難免感傷落淚，有情的信眾便會將象徵「一家團圓」的湯圓壓個凹洞，來盛裝他們的眼淚。

台南榮芳所印製的古版七娘媽神禡／謝宗榮攝　　台南開隆宮民眾於七夕所敬獻的七娘媽亭／謝宗榮攝

　　此外，還有油飯、麻油雞、雞冠花、薊花（千日紅，俗稱圓仔花）、胭脂、椪粉、紅絲線、香帕、扇子、鏡子等。金紙主要是娘媽襖（或稱鳥母衣、床母衣）七只、壽金或刈金（四方金）等。

當家中大小前來向七娘媽上完香，仍保持濃厚傳統習俗的社會，如鹿港地區，會由長輩帶著未滿十六歲的孩童躦過供有七娘媽亭的供桌，以示受七娘媽的庇佑。已滿十六歲的小孩則自己躦過紙糊的七娘媽亭，以示「出婆姐宮」，從此脫離婆姐的特別照顧。

　　台南開隆宮主神即七星娘娘（七娘媽），自清代以來台南地區便有七夕「作十六歲」的禮俗，源於清代台南市西區五條港，即今日的長樂街一帶，有五條商用港道，船隻往來頻繁，運送進出的貨品向來由在地的五大姓氏（盧、郭、黃、蔡、許）的族人負責，當地碼頭所需的搬運工人，在計算工資時，成人全薪，未滿十六歲者為童工算半薪，居民為了能夠領得全薪工資，所以非常重視成年禮的儀式，當孩子成年時，便會祭祀宴客邀請工頭及親朋好友，共同證明，這也是經神明與工頭眾人的認定後公開的昭告。

　　所以居民在孩子滿十六時，為其添購新衣新帽，全身穿戴整齊，並敬備供品，如麻油雞酒、麵線、四果、六齋碗、七碗甜芋、紅龜粿、二根帶尾甘蔗、金紙、娘媽衣、五牲等，以及事先特別訂作一座七娘媽亭[45]，攜帶孩子來到廟方讓滿十六歲的孩子躦過七娘媽亭。並由廟方執事人員或父母站在廟旁的木雕狀元亭供桌前，男轉左女轉右，連續三次，表示孩子已成年從此可「出娘媽宮」或「出婆姐宮」，不用再受到七娘媽或婆姐等的特別照顧。

台南崇福宮成年者恭讀感恩
疏文／謝宗榮攝

台南崇福宮成年者讚七娘媽亭／謝宗榮攝

圖解
十六歲成年禮

以台南開隆宮作十六歲成年禮儀式為例：

① **典禮開始**
　成人典禮開始（放禮炮）

② **吹樂** ③ **叩鐘** ④ **擂鼓**

⑤ **禮生就位**
　禮生引導、成人禮者就位········

⑥ **主持人就位**
　恭請主持人就位

⑦ **來賓就位**
　請各位貴賓就位

⑧ **上香**
　禮生引導、成人禮者就位········

獻給七娘媽的花薦／謝　拜七娘媽的供品／謝宗榮攝
宗榮攝

參加 2006 年成年
禮的青少年代表
／謝宗榮攝

⑨ **獻禮**
　獻花、獻果、獻化妝品

2006 年許添財市長上香／　全體貴賓上香／謝宗榮攝
謝宗榮攝

2012 年賴清德市長獻果／李秀娥攝

⑩ **祝賀詞**　　⑪ **致詞**
　請主持人致祝賀詞　　請貴賓致詞

2006 年許添財市
長致詞／謝宗榮攝

民眾七夕所敬獻　七夕民眾以雞冠
的七娘媽花粉盤　花或蓟花（千日
／謝宗榮攝　　　紅）敬獻七娘媽
　　　　　　　　／李秀娥攝

台南開隆宮成年者恭讀感恩狀
／謝宗榮攝

感恩狀／謝宗榮攝

⑫ **感恩狀**
　致感恩狀請成人者（代表）恭讀

⑬ **揭簾**
　恭請主持者揭開七娘媽門簾

⑭ **躦亭**
　躦過七娘媽亭、請主持人引導

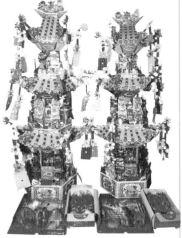

台南開隆宮成年者躦狀元亭以示可脫七
娘媽庇佑早得功名／謝宗榮攝

台南開隆宮成年禮著古袍躦狀元亭
賴清德市長在旁扶起／謝宗榮攝

有些家庭也會為即將成年的孩子準
備七娘媽亭。圖為台南式七娘媽亭
／謝宗榮攝

⑮ **禮成**

⑯ **贈禮**
　　贈送參加者紀念品[46]

頒贈成年禮紀念品／
謝宗榮攝

行成年禮者掛許願卡／謝宗榮攝

開隆宮歷年來所舉辦盛大的成年禮，有地方首長代表主祭者，又由著狀元古袍的成年者代表恭讀感謝狀，再躦狀元亭和七娘媽亭，有成年者已脫離「娘媽宮」不再需要七娘媽的特別庇佑了，且有功名高中之意，之後幾位代表著狀元古袍騎馬，有仿古代「狀元遊街」之意，在手持執事牌的皂吏開道下，浩浩蕩蕩到孔廟參拜，鄰近孔廟前則下馬步行前往參禮至聖先師孔子。

　　台南、鹿港的七娘媽亭作工精美華麗，上面裝飾有七娘媽、牛郎織女、鵲橋、以及仙界的亭台樓閣等，是相當可貴的民俗紙糊印版藝術。近十多年來，許多台灣的地方政府單位也逐漸盛行舉辦成年禮的活動。

　　傳統中七娘媽生時，家長也會為未滿十六歲的子女準備「貫絭」，亦即中間有打洞的古銅錢，以祭拜過的紅絲線重新繫在貫絭上，再給子女帶在頸上，祈求七娘媽時時庇佑，稱為「換絭」，直到滿十六歲再「脫絭」。

　　由於傳說七娘媽中的織女善於織布，手藝非常巧妙，故而昔日婦女多在是日夜裡擺上香案，供上湯圓、巧果、薊花、胭脂、椪粉、針線，且會特地在月下穿上九孔、七孔、五孔或雙孔的針線，祈求織女娘娘賜予針線織布的巧藝與白晰的美貌，故該日亦有「乞巧節」之稱，現代已罕見此俗。

　　不論是祭拜七娘媽或織女娘娘，台南地區的婦女習慣將祭拜後的脂粉拋向空中，落在自己的臉上，象徵獻給七娘媽，而七娘媽再賜予美貌。鹿港地區的婦女皆會在祭拜後將薊花、脂粉各分一半，一半拋到屋頂上（象徵天上），一半留下來自己用。一來表示送給七娘媽神用；二來婦女也可祈求七娘媽除了保護幼童順利長大成人外，也祈求七娘媽能夠賜予她們白晰和美貌，以及像織女娘娘般的奇巧手藝，故而昔日七夕對於婦女而言是非常重要的節日。

台南開隆宮成年禮狀元遊街前往孔廟參拜／謝宗榮攝

七夕日古代讀書人盛行祭拜魁星以祈功名／謝宗榮攝

(五) 中元普度

　　農曆七月是一個相當特殊的月份，因原本幽明兩界各有分際，而每年七月俗稱「鬼月」，是神明為體恤長期受幽禁之苦的孤魂滯魄（俗稱好兄弟），讓他們暫時回到人間，接受百姓的普度施食，並舉行道教的普度法會或佛教的盂蘭盆會，期使透過神佛菩薩的慈悲願力與經懺頌唸，使其同霑法露，超脫地獄倒懸之苦。

　　據《佛說盂蘭盆經》的記載，「盂蘭盆（ullambana）」是梵語，「盂蘭」意思是「倒懸」；「盆」的意思是「救

江逸子繪《地獄變相圖》內之「餓鬼獄」／謝宗榮攝

器」，所以，「盂蘭盆」的意思是用來救倒懸痛苦的器物，衍生出來的意思是：用盆子裝滿百味五果，供養佛陀和僧侶，以拯救入地獄的苦難眾生。

　　西晉・竺法護翻譯的《佛說盂蘭盆經》記載著：「於七月十五日，佛歡喜日，僧自恣日，以百味飯食，安盂蘭盆中，施十方自恣僧，願使現在父母，壽命百年無病、無一切苦惱之患，乃至七世父母離惡鬼苦，生人天中，福樂無極。是佛弟子修孝順者，應念念中，常憶父母，乃至七世父母。年年七月十五日，常以孝慈，憶所生父母，為作

《點石齋畫報》所繪盂蘭盆「施放蓮燈」圖／謝宗榮攝

台北保安宮的慶讚中元盂蘭盆會／謝宗榮攝

夏令節俗——驅暑逐疫

一五七

盂蘭盆，施佛及僧，以報父母長養慈愛之恩。若一切佛弟子，應常奉持是法。」[47] 可見民眾若行盂蘭盆會，是以敬僧齋僧功德回向先亡祖先的孝親行為。

而早在我國南北朝時期已有僧尼在盂蘭盆會時供養諸佛的習俗，我國民間則根據目蓮救母的故事，子女為孝供養先亡的祖先或父母，需盛百味於盆，供奉三寶，可救先亡脫離倒懸之苦。此乃符應我國傳統孝道的精神，民間在這一個節日中也會搬演目蓮救母的戲齣，宣揚孝思精義，而地方宮廟也會延請僧尼在盂蘭盆會中放焰口施食，所以民間有句俗諺「七月無閒和尚」，便是極佳的寫照。

民間除了有些宮廟或地方傳統採用佛教或釋教的儀式作「盂蘭盆會」外，多數採用道教「慶讚中元」、「中元普度」的祭祀方式，「中元節」是傳統節令「三元節」之一，即上元天官大帝生（正月十五）（主賜福）、中元地官大帝生（七月十五）（主赦罪）、下元水官大帝生（十月十五）（主解厄），所以中元節時應特別敬備豐盛的供品來祭拜地官大帝聖誕，故稱「慶讚中元」，一般皆以三官大帝一起崇拜，俗稱拜「三界公」。

台北芝山巖四角頭慶讚中元開墓門典禮／謝宗榮攝　　台北芝山巖四角頭主委和貴賓中元開墓門

普度一般有分民家「私普」和廟宇「公普」，公普往往結合公廟和地方大姓共同參與，普度儀式與活動較為盛大，例如基隆中元祭、新埔枋寮義民節都聞名全台。昔日有些地區有輪流普度的「街普」之俗，整個七月幾乎天天都有祭拜活動，熱鬧異常，像是鹿港地區迄今仍流傳普度

1

2　3

1.陰曆七月基隆市場的普度場面／謝宗榮攝
2.農曆七月初一嘉義市盛大的拜門口好兄弟／謝宗榮攝
3.陰曆七月彰化花壇鄉民為孤魂照引所設的普度燈／謝宗榮攝

歌謠，記錄昔日街內輪流普度的情形。而有些地方清代時已有特殊盛大的「搶孤」習俗，例如台北板橋、土城、宜蘭頭城、屏東恆春皆有，而在日治到光復期間中斷許久，頭城是在近十幾年才又恢復隆重的搶孤祭典，而恆春的搶孤也頗富盛名。

原本台灣各地的中元普度並沒有固定的祭拜日期，但隨著 1952 年政府鼓勵節約拜拜的風氣，並統一於七月十五日為中元普度日，許多地方習俗因而改變。所以每逢農曆七月將臨，許多設有五營兵將鎮守境域平安的廟宇，紛紛於六月底提前舉行收兵犒將（犒軍、賞兵）的儀式，好讓那些孤魂滯魄可以自在地回到陽間，享受人間熱情的施食招待。每年七月初一「開鬼門」，七月底「關鬼門」。

南鯤鯓代天府中元普度豎燈篙招引水陸孤魂前來接受普度法筵／謝宗榮攝

南鯤鯓代天府中元普度放水燈道士插設普度路燈，有為孤魂照引之意／謝宗榮攝

1	2
3	4
5	6

1. 台北保安宮的牽藏，紅色為血藏、白色為水藏 / 謝宗榮攝
2. 台北保安宮釋教法師正在倒藏 / 謝宗榮攝
3. 三重先嗇宮所施放的中元水燈厝和蓮花燈 / 謝宗榮攝
4. 三峽中元祭的水燈排亦有為孤魂普度照引之意 / 謝宗榮攝
5. 嘉邑城隍廟施放環保竹管底座的水燈 / 謝宗榮攝
6. 中元普度的紙糊普陀巖 / 謝宗榮攝

一般七月初一「開鬼門」後，民家會在門前，特別點上一盞夜燈，專為好兄弟引路照明之用，稱為「普度公燈」、「七月燈」或「鬼提燈」，直至月底才停止。初一下午起，家家戶戶要拜門口好兄弟，準備五味碗、粿、酒、米飯，以及盥洗用貝、經衣、銀紙等敬奉。

七月十五日中元節前夕，有些廟宇會有牽䗖的習俗，死於水難者，則會牽水䗖；死於難產、血光、車禍者，則牽血䗖，好將受苦的亡魂超拔到生方或仙界。至中元節時，有些廟宇會舉行盛大的慶讚中元及普度施食的儀式，聘請紙糊匠師紮大士爺及山神、土地神以監管孤魂滯魄，並設翰林院（或寒林院）、同歸所供孤魂滯魄歇息。

一般的民家也於是日設有豐盛的祭品祭拜地官大帝（三界公）和孤魂滯魄，拜三界公時，一般多從下午開始祭拜，祭品則有如拜天公，須準備頂下桌，頂桌準備三界公紙糊燈座、六齋或十二齋、水果、甜料等、紅圓、紅牽；下桌拜隨

中元普度的紙糊寒林院（或稱翰林院）／謝宗榮攝

中元普度的紙糊同歸所／謝宗榮攝

慶讚中元民家拜三界公／李秀娥攝

中元拜好兄弟所需敬獻的
經衣／謝宗榮攝

從神明，所以準備全副的牲禮、水果、甜料、紅麵龜等，北部民眾敬獻天金、大箔壽金、壽金、刈金、福金、高錢，現代有的居民則簡單備一供桌祭拜而已，甚至不知三界公也要拜，而是特別重視普度好兄弟的祭拜。

中元節下午普度拜好兄弟，供品要比初一時更豐盛。其中多會準備一盆空心菜湯，此本有提醒孤魂體悟「空無之心」的美意，但後來民間多訛稱此舉表示祭拜者有心請客，無心留客，請孤魂勿逗留。而寺廟所舉行的中元普度施食時，供品往往非常豐盛，其中較特別的是多會準備麵粉製的小型「佛手」和「佛圓」，「佛手」為施食時所變化的手印，此有以手印化食無量及接引孤魂之意；而「佛圓」則有一切圓滿之意。

到了七月底「關鬼門」時，約下午四、五點地方公廟「謝燈篙」送好兄弟上路，祭品和金銀紙則如七月初一，又稱「孝月底」。

若是參加地方公廟廟普者，供品則依廟方公布的方式陳列，準備於公設的孤棚上或是地上，有的廟方或市場普甚至還會準備各式奇巧的果雕、蔬菜雕、或是捏麵的「看牲桌」，作為供品，內容有山珍海味、奇珍異獸、傳奇人物等，相當吸引普度的人潮駐足觀賞。

中元普度道長持旛招引孤魂接受孤筵／李秀娥攝

中元普度備空心菜湯，有提醒孤魂體悟「空無之心」的象徵／李秀娥攝

基隆中元祭

自從 1952 年統一拜拜後，農曆七月十五日的「中元節」，便成為典型的中元節祭典，其中以位於基隆的「雞籠中元祭典」最負盛名，成為交通部觀光局公布的十二項觀光節慶之一（屬國際級），也是文建會（現為文化部）第一個指定的民俗祭典，於 2008 年公布為「重要民俗及有關文物‧信仰」類別。

在基隆早期開發史上，金（金包里）、雞（雞籠）、貂（三貂堡）、石（石碇堡）為一相關的地域群。由於土地墾拓等經濟、社會因素，曾在清咸豐元年（1851）八月魴頂發生激烈的漳泉械鬥，犧牲慘烈。所以後來為化解漳、泉二籍人士的紛爭，便結合字姓的血緣團體，一起收埋犧牲的漳泉人士之遺骸，後來連同其他事故的傷亡者，一起建為義民祠，現稱為「老大公廟」。

自清咸豐五年（1855）最初是由十一個字姓團體聯合輪流主普，第一次是由張廖簡姓主普，發展到 1979 年已擴大成十五字姓的規模，迄今仍如此。所謂的十五字姓輪普，依序為張廖簡姓、吳姓、劉唐杜姓、陳胡姚姓、謝姓、林姓、

基隆中元祭盛大的放水燈遊行／謝宗榮攝

基隆中元祭施放船型水燈／謝宗榮攝

基隆中元祭各姓氏的精緻斗燈／謝宗榮攝

江姓、鄭姓、何藍韓姓、賴姓、許姓、聯姓會、李姓、黃姓、郭姓等，2014 年則輪到林姓宗親主普。

　　早期是在高砂公園普度，屬於臨時性主普壇的階段；後來由字姓團體合資捐建固定的主普壇；之後又於 1974 年遷建啟用新的主普壇迄今，即中正公園的現址。

　　基隆的慶讚中元活動，由農曆七月一日子時（凌晨零時整）在老大公廟舉行「開燈」儀式，七月一日下午二時於老大公廟「開龕門」，由輪值主普之代表主祭開啟兩道

基隆中元祭在中正公園主普壇前的盛大普度場面／謝宗榮攝　　基隆中元祭普施時，道長拋撒果餅，眾人競相伸手接取以祈平安賜福／謝宗榮攝

龕門之墓扉，放出孤魂滯魄。到了農曆七月十二日晚上七時，在中正公園的主普壇舉行「開燈放彩」活動，主普壇往往以藝術醮壇的形式裝飾起來，上面布有許多祥禽瑞獸和電動的神仙人物，有時候更會邀請國內外的優越舞蹈表演團隊輪流展演，這些藝術表演團體的精湛演出，往往吸引許多民眾扶老攜幼踴躍前往觀賞，並一飽眼福。

　　十三日下午一時至五時有「迎斗燈」遶境的活動，斗燈為三層的精美木雕燈座，裡面盛米，上面插有尺（丈量短長）、劍（斬妖除魔）、秤（福份多寡）、剪刀（剪除不祥），並於鏡（妖魔現形）前點亮油燈（照耀光明），以示元辰煥彩，斗燈奉有南斗星君、北斗星君，有為字姓宗親、斗首消災解厄、延年益壽、祈福平安之意。而各姓斗燈的雕工講究精彩絕倫，也是參與輪值的各姓氏競相展現斗燈藝術與斗燈文化的重要拚賽場合。

十四日晚上準備放水燈，當天則有大型且華麗的紙糊水燈厝（或水燈頭）、藝閣、花車以及各式舞獅舞龍的陣頭、東西方遊藝團體（如北管軒社……）等共同參與的盛大遊行，熱鬧非凡，這也是整個中元祭典中最吸引群眾圍觀的重點，所以國內外的觀光客往往在當天將整個基隆市區擠得水洩不通。放水燈的地點在八斗子望海巷舉行，約莫半夜十二時整，由道士誦經，引導旁人燃放各姓氏所備的水燈頭，以召請水面孤幽，前來參加普度法會，聽經聞懺，當地人相信水燈頭飄得越遠，是象徵該字姓越發達的吉兆。

　　十五日晚上舉行普度，普施後於晚上十時多化送大士爺，及孤魂的同歸所、翰林院（或寒林院）；十一時並有跳鍾馗押孤的儀式，以示將孤魂滯魄強行押走，避免在地方逗留侵擾百姓；到了八月初一傍晚六點，輪值主普再回

頭城中元祭普度後跳鍾馗押孤／謝宗榮攝　　　雞籠中元祭押孤／謝宗榮攝

到老大公廟行「關龕門」儀式[48]，之後並轉往慶安宮媽祖廟舉行新舊爐主交接手爐的活動，象徵主辦權將會輪到下一姓氏，基隆的中元普度就此宣告結束。昔日新舊爐主交接手爐，原本是在七月十五日深夜裡十二點左右舉行的，後來才修改成陰曆八月初一再辦理交接。

新埔枋寮褒忠義民節

　　新竹縣的新埔枋寮褒忠義民廟，每逢農曆七月皆會舉行盛大的賽神豬以及中元祭典。褒忠義民廟起源於清乾隆五十一年（1786）林爽文逆亂，住在新埔附近的客家人便自動籌組一支一千三百餘人的「義民軍」，協助清廷圍剿林爽文，而義民軍與林爽文部隊激戰數十次，導致許多義民軍的壯烈犧牲！直到乾隆五十三年（1788）逆亂才被剿

新竹枋寮褒忠義民祭熱鬧的賽神豬／謝宗榮攝

新竹枋寮褒忠義民祭民眾所敬獻的帥氣神羊／謝宗榮攝

平，而犧牲的新埔義民軍先後被頒賜「義勇」、「懷忠」、「褒忠」三塊匾額褒揚，因此收埋義民的義民廟又稱為「褒忠亭」。

為了弔唁紀念義民先烈以及舉行中元普度孤幽的祭典，義民廟中元祭典，早在清道光十五年（1835）已開始。祭典活動例由「十五大庄」輪值，這十五大庄都是開發較早的地區，分別是六家、下山、九芎林、大隘、枋寮、新埔、五分埔、石岡、關西、大茅埔、湖口、楊梅、新屋、觀音、溪南等[49]。2014 年則輪到新屋主辦。

每逢七月十九日義民廟延請釋教的法師主持中元祭典，先向上天「奏表」，繼而為大士爺「開光」引魂，使青面獠牙的大鬼王大士爺（焦面大士）可以統領眾鬼。十九日傍晚也放水燈引水路孤幽前來齊赴普度法會，聽經聞懺，享受施食。七月二十日為祭典的高潮，輪值區家家戶戶宰殺「神豬」、「神羊」，名列二十等以內的大神豬需在上午十時左右，運至義民廟前獻供，這些神豬重量多在七、八百台斤以上，有的上達千餘斤。

神豬、神羊都會以美侖美奐的豬公棚裝置在豬羊架上，豬公棚上的黑毛神豬則雕刻各式花紋，並懸掛上華麗的紅綿繩與厭勝錢共同編織而成的「掛項錢」，而神豬頭部兩側插上一對漂亮的孔雀金花，這種裝飾藝術結合傳統的民俗手工藝，並帶有傳統審美觀的美感饗宴。而神羊則頂著一對俊美的大羊角，並會被戴上一副西洋墨鏡，嘴上叼個煙斗，上身或穿著白襯衫、黑色背心，頸上繫著一條帥氣的領結，純然的西洋帥氣模樣，迥異於裝飾神豬的傳統美感。

有時神豬、神羊會再加上各式燈光、電動人物、噴霧香水等效果，往往令人歎為觀止。直到下午三點多神豬神羊才回到各祭區，傍晚各區祭壇則舉行普度，家家戶戶則擺宴盛邀親友參加大拜拜請客的熱鬧活動。中元祭典的科儀一直進行到午夜十一時，化大士才算告一段落，神豬則各自請回家中切塊分送諸親友，以分享敬神普度的福份。

頭城搶孤

清代《重修台灣縣志》卷十二〈風土志〉中載有:「(七月)十五日,作蘭盂會。數日前,好事者釀金為首,延僧眾作道場,將會中人年月生辰列疏;又搭高台,陳設餅餌果品,牲牢堆盤二三尺,至夜分同羹飯施餒口,謂之普度。供畢,縱貧民上檯爭相奪取,每釀事端。比年官為禁止搭檯,始於各家門首設供,風俗為之一靖。更有放水燈者,頭家為紙燈千百,晚於海邊燃之。頭家數人,各手放第一盞,或捐中番錢一,或減半,置於燈內;眾燈齊燃,沿海漁船爭相攫取。沿戶或三五十家為一局,張燈結綵,陳設圖畫、玩器,鑼鼓喧雜,觀者如堵。二日事畢,命優人演戲以為樂,謂之壓醮尾,月盡方罷。」[50]

上述清代所謂中元牲禮肉品搭台二三尺,直到現今民間的醮壇普度中仍可見類似高度的孤棚和孤飯,如台南安平的孤棚祭,而昔日日治時期台北土城大墓公廟埕也還有搶孤之俗,現今則已喪失。

而大型的孤棚台則可見於現代的宜蘭縣頭城和屏東縣恆春的大型搶孤活動,築高台置孤飯、孤棧等鴨、肉、魚之孤食,供藝高膽大者攀爬競賽搶拾。清代官方曾禁止之,

宜蘭頭城搶孤舉辦前,下埔福聖廟埕內,民眾正在清晨協力綁孤棧/謝宗榮攝

而日治時期日本政府也曾禁止台灣民眾這項危險的搶孤活動，這是在台灣光復後才又陸續恢復的活動。

　　宜蘭縣頭城搶孤由來，與蘭陽平原的開發有著密不可分的關係，早期漢人來台開墾蘭陽，頭城即是開蘭第一據點，在開拓過程中歷經各種天災、流行性疾病及爭戰械鬥等，死傷無數，孤魂無依，所以後來民眾為了祈求普度孤魂、祈禳平安，於是每年在陰曆七月的「鬼月」，便會由附近八大庄的居民，集資舉辦普度三天法會來超度孤魂，名為「頭城開成寺慶讚中元三朝醮」，並在農曆七月末日，亦即「關鬼門」的夜裡，舉行盛大的搶孤活動，以示對亡故先民的追思與超度之意。昔日原本遴請佛教法師主法，後來才改由正一紅頭道派的道長主持科儀。

宜蘭頭城搶孤中巨大孤棧（右）與飯棧（左）／謝宗榮攝

「頭城搶孤」最主要的棚架可分為「飯棚」和「孤棚」各一座，「飯棚」俗稱「乞丐棚」，此孤棚的規模較小，以 2008 年為例，孤柱高約三十餘台尺，棚上會放置一簍簍的白米飯，經由法師施手印變食「化食」後，將有限的食物，以一化十、十化百、百化千、化千千萬萬，使孤魂可得飽食；道長也會做大普施，讓眾孤魂滯魄前來領受甘露法食，聽經聞懺，並勸請三皈依「皈依道、皈依經、皈依師」，使其開悟，超昇生方或超昇仙方，免其繼續再受地獄輪迴之苦。

　　最重要的則是高聳的「孤棚」，這也是正式比賽的孤棚架，由下往上可分為三部分，下段為十二根粗大的孤柱，以 2008 年為例，由高約五十八台尺的人造柳杉木為支柱[51]，並於十二支高聳的孤柱上塗抹約一百二十加侖左右的黏滑牛油，增加攀爬的挑戰性與困難度。[52] 柱頂再築「倒翻棚」的平台，此平台上再豎立十三支高聳的孤棧，但此「倒翻棚」的平台也是搶孤競賽者的重大挑戰，不易翻爬，很多人常在此關便被考倒了。甚至體力不支掉下來而受傷，所以後來往往要求選手要綁安全繩。

　　倒翻棚上豎立十三座狀如尖筍的巨大竹編孤棧，高約四十三台尺左右，孤棧周圍在事先綁上各種雞、鴨、豬肉、魷魚、肉粽、米粉、蝦、紅蟳等祭品，而孤棧的頂端則有一面「順風旗」，以及金牌或賞金數萬的獎勵，要讓搶孤選手攀爬上去割斷順風旗。據說若將此旗豎立於船頭，將可庇佑漁船出航一帆風順，漁貨滿艙。

　　如此激烈競賽的搶孤活動，每年往往吸引許多選手踴躍參賽，國內外亦有許多觀光客會前往觀賞，常將搶孤場地內外擠得水洩不通，搶孤活動後來多設於烏石港，但也因搶孤活動耗費鉅資，動員人力龐大，也曾因此停辦數年，後來於 2013 年首度於頭城文小一文化園區設立永久的觀光孤棚，希望成為地方重要的民俗旅遊地標，帶動民俗觀光熱潮。

台北縣宗教藝術節雄偉的普度大士爺，
為紙糊藝師李清榮的作品／謝宗榮攝

合境平安

一七五

普度時佛手有變化手印化
食無量及接引孤魂之意／
謝宗榮攝

中元普度時民眾敬獻的神
豬／謝宗榮攝

鹿港普度歌謠

　　清代以來，鹿港每逢中元祭各
街區小巷輪流在七月初一至八月初
二，家家戶戶拜門口普度好兄弟，使
這些孤魂野鬼可以日日享用豐盛的美
食與銀紙花用。這首流傳久遠的普度歌
謠，也是昔日鹿港富商辜顯榮遠赴台北發展
後，用以測試前來求助盤纏的鹿港人，以能否
背誦普度歌謠為依準，判斷其是否真為鹿港同鄉。

　　鹿港的普度歌謠內容為：「初一放水燈、初二普王宮、
初三米街、初四文武廟、初五城隍宮、初六塗城、初七七
娘生、初八新宮邊、初九興化媽祖宮口、初十港底、十一
菜園、十二龍山寺、十三衙門、十四飫鬼埕、十五舊宮、
十六東石、十七郭厝、十八營盤地、十九杉行
街、二十後寮仔、二十一後車路、二十二船仔
頭、二十三街尾、二十四宮後、二十五許厝
埔、二十六牛墟頭、二十七安平鎮、二十八
泊仔寮、二十九通港普、三十龜粿店、初一
乞食寮、初二米粉寮、初三乞食食無餚。」

　　鹿港除了「街普」、「廟普」之外，尚
有姓氏的大普，即各姓氏每十三年會舉行一
次大普，因此除了上述的「普度歌謠」外，
還有「大普歌謠」：「塘頭鼠，棧下牛，堂
邊虎，蘇厝兔，後宅龍，埔仔蛇，紅窟馬，
堂後羊，崙後猴，山仔雞，吳頭狗，後頭豬。」
上面所列為泉州地名加上生肖，內容意指：
王姓普子年，施姓普丑年，蔡姓普寅年，蘇
姓普卯年，林姓普辰年，楊姓普巳年，洪姓
普午年，黃姓普未年，其餘則姓氏不詳，有
待進一步查證。

一七八

新北市土城大墓公中元普度時的連桌紙糊看生／謝宗榮攝

萬華龍山寺中元普度的紙糊普陀巖、山神和土地神／謝宗榮攝

一

中秋節

照古例於每年陰曆八月十五中秋節當夜行「拜月」祭典。

闕也。

大陰之精。

象形。

凡月之屬皆从月。

太陰星君寶像／謝宗榮攝

二、重陽節

每年農曆的九月初九，俗稱「重九」，中國的陰陽曆算中又以九為「陽」，故該日又稱為「重陽節」。

重陽節食用重陽糕有祈步步高升之意／謝宗榮攝

一 中秋節

由於中國自上古以來，即視日月天象之「天道」與天子治理天下之「人道」相符應，故歷代天子多數非常重視「夕月」的祀典，不論是周代的古禮「秋暮夕月」或是魏晉南北朝迄清代以來的「秋分夕月」，基本上多維持在秋天舉行「夕月」的祭典，歷代只有少數帝王會廢去夕月之禮。至於夕月時的方位，多於西郊的夕月壇舉行夕月之禮，且夕月時的主要神牌則書「夜明之神」。而原本數千年來皆由天子主祭的夕月之禮，直至清末帝制被推翻改為國民政府時才停止，自此國家最高領袖不再主持「夕月」之禮[53]。

若遇日月蝕天象異常時，也會引起天子、官員及百姓的憂慮，因古人相信月中有凶神天狗的存在，故有「天狗噬月」之說，凡遇此時，官員與老百姓則敬獻供品祈禱，眾人並努力敲鑼打鼓震響天際，希望以熱烈的鑼鼓敲擊聲響，嚇跑天狗怪獸，將月亮從口中吐還回來。日治時期的台灣人，仍保留古代供奉《太陰星君真經》及供品以因應月蝕的祭祀習俗，當時大人小孩皆努力敲擊銅鑼、銅盆、空罐，口中紛紛大喊「救月哦！救月哦！」[54]希望讓月亮太陰星君能夠重新恢復明亮，如今這項「救月」的古俗已隨著科學日益昌明而消失殆盡。

漢人對於月神的普遍信仰，不免因現代化而逐漸衰微，少數純樸傳統的人們，仍依照古例於每年陰曆八月十五中秋節當夜行「拜月」、「齋月宮」的祭典。民間所謂的月神即指月宮嫦娥，尊稱為「太陰星主」、

日治時期的磚燒土地公／
李秀娥攝

「廣寒宮太陰皇后星君」、「清涼
照夜月宮尊天」、「太陰星君」、「太
陰娘娘」、「月宮娘娘」、「月娘」、
「月光」[55]。

民間流傳的《太陽真經》和《太
陰真經》／謝宗榮攝　　太陰星君寶像／謝宗榮攝

　　由於中秋時，正逢古代民間重
要社祭「春祈秋報」祀社公之時，
所以八月十五日中秋，除了是太陰
娘娘的聖誕日外，也是土地公的聖
誕日，故需祭拜土地公，以感謝福
德正神土地公長年庇佑農作豐收，
居民會敬備牲禮、水果（特別是柚
子）、月餅到福德祠上香或是在家
敬奉土地公。

　　傳統習俗中，從事農作者，一般會在該日於稻田或農
田的一隅安設「土地公拐」，即在竹枝頂端剖開處，塞著
土地公金（福金或四方金）或刈金夾著三炷香，並備簡單
的果品敬拜土地公，請祂老人家代為看顧農田，以期該年
的農作豐收。然而時代變遷，多數從事農作的居民，已不

台北大龍峒萬和宮信眾在中秋以柚子月餅敬祀土地公／謝宗榮攝

1.中秋時南投的農夫阿伯正在插土地公拐／謝宗榮攝
2.中秋時南投農民所插設的土地公拐祈佑稻作豐收／謝宗榮攝
3.宜蘭頭城北門福德祠慈祥的土地公土地婆／謝宗榮攝
4.南投草屯坪頂雙樟福德祠保留古樸的石造小祠形式／謝宗榮攝

中秋民家敬備供品犒軍／謝宗榮攝

中秋夜台灣民眾盛行烤肉過節
／謝宗榮攝

再維持此一習俗，所幸台灣仍有少數地區的農民，
仍保留此一純樸的風俗。

在中國北京地區傳統盛行中秋時設月光神
禡，刻成蓮花狀的西瓜，以及玩兔兒爺；而台灣
位處中國南方，中秋節拜月時，罕設月光神禡，主要
是夜晚於門前或庭院設供桌，以鮮花、香蠋、月餅、瓜果
（四果或五果，其中必有文旦或柚子）、金紙（壽金、刈
金或福金），對空望月膜拜。中秋拜芋的習俗也流傳到台
灣，台灣人也有中秋拜米粉芋者，乃取其吉利音韻：「吃
米粉芋，有好頭路（意：好職業）」。中秋佳節全家團聚，
共賞皎潔明月，並分享具有團圓意味的月餅、瓜果等祭
品。宜蘭地區民眾中秋拜月娘時，還會特別準備形似
月亮的「月光餅」來敬拜。

中秋台北聖佑宮石頭公的
平安緣牌／李秀娥攝

原本清代台灣士子文人盛行於中秋節「搏月餅」
或「搏狀元餅」，以兆奪狀元，而此一美俗已隨科
舉制度的廢除而日漸消失。此外，古代民間婦女的
中秋節也有像元宵「聽香」、「偷蔥嫁好尪」，或「請
籃姑」等習俗，同樣日益失傳，如今民間普遍盛行的是
中秋拜土地公、闔家賞月，以及盛行烤肉之俗。

農民殷切期盼土地公護佑
稻穗結實纍纍／謝宗榮攝

山茱萸為古代重陽節懸臂
辟邪之物／謝宗榮攝

㈡ 重陽節

　　每年農曆的九月初九，俗稱「重九」，中國的陰陽曆
算中又以九為「陽」，故該日又稱為「重陽節」。古代重
陽節時，漢人盛行登高避禍的由來，起源於南朝梁人吳均
所撰寫的《續齊諧記》：「汝南桓景隨費長房遊學累年，
長房謂曰：『九月九日，汝家中當有災，宜急去，令家人
各作絳囊，盛茱萸以繫臂，登高，飲菊花酒，此禍可除。』
景如言，齊家登山。夕還，見雞犬牛羊，一時暴死。長房
聞之曰：『此可代也。』今世人九日登高飲酒，婦人帶茱
萸囊，蓋始於此。」[56]

　　大意是說東漢時，汝南桓景隨費長房學習道術，遊學
多年之後，有一天費長房對桓景說：九月九日這天，你家
定有災難，你應盡速回家。讓全
家每人都準備一只裝有茱萸的絳
色袋子，繫在臂上；登高、賞
菊、飲菊花酒。這樣即可消災免
禍了。桓景從速歸家，依其言行
事，舉家登山。至傍晚回家，只
見家中的雞、狗、牛、羊均已暴
斃，這才知家中牲畜代替全家人
受禍，此後始有人人於是日插茱
萸登高山避禍之俗。

　　直至 1974 年，政府取「九九
重陽」為「長久長壽」之意，因
而定是日為「敬老節」、「老人
節」，各地方政府機關單位或各
姓氏的宗親會或廟宇，往往會於
是日舉行「敬老節」的慶祝活動，
以示傳承敬老尊賢的文化美意。
又因該節秋高氣爽，所以民間有
盛行「放風箏」之俗。至於移居

古代重陽節有登高避禍之俗／謝宗榮攝

現代風箏／李秀娥攝

黑鳶風箏／謝宗榮攝

重陽節秋高氣爽宜放風箏／謝宗榮攝

重陽節食用重陽糕有祈步步高升之意／謝宗榮攝

台灣的部分漳州人，習慣於重陽日為所有祖先的忌日一起祭祀，並舉行「作總忌」，因為昔日生活物資欠缺，經濟條件不佳，無法為較久遠的祖先們分別舉行忌日，因而統一於重陽節當天祭拜，除非是新亡不久的祖先，才會單獨為其忌日來敬拜。

祭拜時的供品，多備妥牲禮、米飯、五味碗、水果、發糕、麻薯、菊花酒（或菊花茶）等。特別供奉「發糕」，取其「糕」與重陽節「登高」音同，亦有步步高昇的吉祥意味。原本茱萸是放在臂上所佩戴的絳囊中，到了宋代則被放入酒中飲用辟邪，後人也逐漸失去重陽日佩戴茱萸以辟邪的古俗了。

古人相信飲菊花酒可以補氣延年，解除不祥之氣，所以往往會提前一年選取花相適宜的菊花釀製菊花酒，以待來年享用，但近代已少有此俗，故可於是日飲菊花茶代之，菊花茶則有散風、清熱、明目、解毒等功效。該日又有吃麻薯的習慣，因它是由糯米內包黑芝麻所製成，可以明目、益壽。所以民間於重陽節時，多以菊花酒（茶）、麻薯等物作為該日的應節供品，拜後大家一起享用，具有保健、明目與長壽之功效，這也是漢人傳統的養生飲食觀。

重陽節盛行飲菊花酒或菊花茶解熱／謝宗榮攝

秋天的重陽節是賞菊的好季節／謝宗榮攝

代表品德節操的菊花為古今文人所雅好／謝宗榮攝

一

二

三

下元節

冬至

尾牙

每年陰曆十月十五日為水官大帝生，有祭祀解厄之意。

冬至和清明一樣，都是二十四節氣之一，陽曆十二月二十二日或二十三日即為「冬至日」。

習俗上每月的初二、十六皆是作牙的日子，也是祭拜土地公的日子，而二月初二則稱為「頭牙」，十二月十六則稱為「尾牙」。

尾牙應節供品刈包／
李秀娥攝

冬令進補「素食大補湯」
的中藥材／李秀娥攝

麵龜／謝宗榮攝

過年張貼的五福門籤／謝宗榮攝

四

送神

傳說每年農曆的十二月二十四日為「送神日」，民間俗稱「過小年」，也有地方習俗是以十二月廿三日送灶君或送神的。

五

天神下降

農曆十二月廿五日為「天神下降日」，這是相傳前一日民間送走灶神等神明上天述職後，天上會另派天神下降來到人間家庭，暫時代替灶神等監察巡視人家善惡與行事功過。

六

除夕

除夕在漢人的歲時節令中，是相當重要的一個大日子，因為它是歲末家人大團圓的最後日子，一早家家戶戶都在準備除舊布新，迎接新的一年到來，因此當天會在家中內外重要部位張貼春聯，增加過年的喜慶氣氛。

烏心石製的龜粿模／謝宗榮攝

甜湯圓／謝宗榮攝

（一）下元節

　　上元、中元、下元分別為天官大帝（賜福）、地官大帝（赦罪）和水官大帝（解厄）的神誕日，一般這三個節日皆俗稱為「三界公生」。而陰曆的十月十五則屬水官大帝的神誕日，家家戶戶會準備豐盛的祭品來獻敬祈福。有些地方的居民則會聯合數戶人家共同祭祀，並出公金邀請道長來誦經祈福，例如基隆地區的民眾則保有此俗。有的廟宇也會做一日的「慶讚下元法會」，延聘法師主持科儀，祭祀與普度場面盛大；也有廟宇盛行於下元節時作「年尾戲」謝平安，又稱「平安戲」。

　　一般民家在農曆十月十五日，一入凌晨子時迄翌日凌晨、午時前都可祭祀，設置地點為神明廳三界公爐下或是在庭院向天處，隆重的會設頂桌和下桌，頂桌中間設三界公的紙糊燈座共三座、香爐及燭台。

　　頂桌點上一對蠟燭，獻上清素的清茶三杯、清酒五杯，繫紅紙的麵線三束、五果、六齋或十二齋、紅圓、紅牽等；下桌供奉葷食五牲、水果、甜料、紅龜粿等。敬獻天金、大箔壽金、壽金、刈金、福金、高錢和鞭炮。

林口竹林山觀音寺慶讚下元法會之主普柱與看桌供品／謝宗榮攝　　林口竹林山觀音寺慶讚下元法會釋教法師放焰口／謝宗榮攝

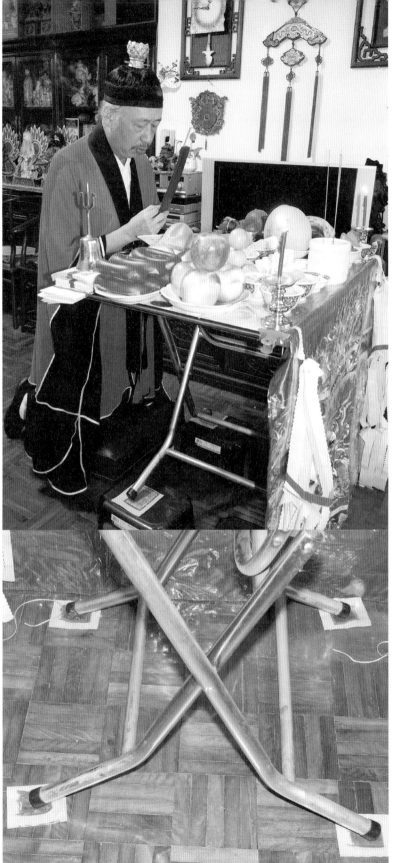

下元節祭祀 / 李秀娥攝

下元祭拜桌腳墊壽金以示崇敬三界公 / 李秀娥攝

（二）冬至

　　冬至和清明一樣，都是二十四節氣之一，陽曆十二月二十二日或二十三日即為「冬至日」，對農曆而言並沒有固定的日子。這一天，太陽正好直射南回歸線，對於北半球的我們而言，是白晝最短，黑夜最長的一日，冬至過後，白晝便會日漸增長。冬至又稱「冬節」，按傳統習俗，家家戶戶要準備湯圓、菜包祭祀神明和祖先，而吃過湯圓後，大家就算添了一歲。台灣民眾有視立冬過後，天氣逐漸轉寒，怕大家身體會比較虛冷，所以民眾盛行於立冬日起或冬至日的前一晚以中藥材燉補湯，稱為「立冬補冬」或「補冬」。

　　周代時已有冬至的習俗，漢代以後，冬至更為隆重，《唐書‧禮樂志》載：「皇帝元正，冬至，受群臣朝賀，會前一日，設御幄於太極殿。」又說：「元正，歲之始；冬至，陽之復，二節並重。」說明冬至在唐代時已與新年並重，所以民間有「冬至大如年」的說法[57]。在我國古代曆法中冬至日曾被視為一年之始，也是祭天的重要日子，所以冬至吃湯圓象徵著過完一年、迎接新的一年、又增長一歲，故稱「亞歲」。

　　宋代時，民間也相當熱鬧地慶祝冬節，據《東京夢華錄》卷十載：「十一月冬至，京師最重此節，

冬令進補「素食大補湯」的中藥材／李秀娥攝

冬令進補的素食藥膳火鍋／李秀娥攝

一九二

冬至盛行吃湯圓以示多添了一歲／謝宗榮攝

雖云貧者，一年之間，積累假借，至此日更易新衣，備辦飲食，享祀祖先，官放關撲，慶賀往來，一如年節。」[58]所以當時不論京師或民間百姓，慶祝冬至一如過年節，穿新衣、祭祖先、親友相互祝賀、大吃大喝，好不熱鬧。

　　傳統上拜神明時，應準備全副的牲禮、四果、應節的湯圓（冬節圓）和菜包；拜祖先，則必備剖開的牲禮、米飯、五味碗、湯圓、雞母狗仔、菜包等。冬至的應節供品湯圓、雞母狗仔和菜包，昔日一般是在前一天晚上準備好的，當大人準備糯米搓湯圓時，小孩則在一旁把圓仔糍（指作湯圓的原料）染上各種染料，再以巧手捏出各式頗具童心的雞、鴨、狗、貓、兔等圖案各異的「雞母狗仔」，狀似捏麵人，再蒸熟以祭祖。現代則多購買現成的湯圓來祭拜，因此已罕見有人製作雞母狗仔祭拜。只有極少數具民俗才藝的美勞老師，會在舉辦這種民俗慶典節日活動時應邀製作與教學，此外，也有才藝課的美術班會特別聘請美勞老師教導小朋友製作現代的雞母狗仔時，才得一見。

昔日冬至小孩會做可愛的雞母狗仔祭祖／謝宗榮攝

從前，冬至祭拜後，需將冬節圓黏於門扉、窗戶、桌椅、床櫃等處，稱為「餉耗」，清代王瑛的《鳳山縣志》記載：「十一日冬至，家作米丸，祀先禮神畢，卑幼賀尊長者，節略如元旦。有祖祠者，合族祭之，謂之祭冬。家團圓而食，謂之添歲。即古所謂亞歲也。門扉器物，各黏一丸，謂之餉耗。」而清代周璽的《彰化縣志》載：「冬至節，家作米丸祀先，門戶器物，皆黏一丸，謂之餉耗。前一夕，小兒將米丸塑為犬豕等物，謂之添歲。」[59] 可知至少在清代時台灣便已流傳古俗，過冬至日有如過年般舉家祭祖祠，小孩會用米丸湯圓捏塑豬狗等雞母狗仔以敬拜祖先，做湯圓黏貼門窗等神以餉耗（指酬神），犒賞這些窗牖神及家具神等一年來的辛勞守護。待冬節圓乾燥後，拿下來煮給小孩吃，民間相信這樣可以庇佑孩子快些長大，但現代已罕見此習俗。民間則有些地區習慣於年尾下元節或冬至時期、甚至到尾牙前後，會祭祀演戲酬神謝平安，稱為「平安戲」。

宜蘭傳藝中心文昌祠冬至謝平安謝三界眾神／林秋雲攝，謝宗榮提供

彰化花壇三家春歲末村民虔備豐盛供品謝平安／謝宗榮攝

(三)尾牙

　　習俗上每月的初二、十六皆是作牙的日子，也是祭拜土地公的日子，而二月初二則稱為「頭牙」，十二月則稱為「尾牙」。而源自古代作牙「互市」買賣賺取佣金或以物易物等商業行為，形成繁榮的「集市」，一般都定在朔望日，就是初一（初二）、十五（十六）這兩天。「互市」之前，商人都會先拜福德正神土地公祈求大發利市，再招待員工和顧客饗宴。

　　台灣民間「尾牙」的習俗由來已久，清代的《淡水廳志》記載：「十二月十六日，郊戶以牲醴祀福神，曰『尾牙』」，《噶瑪蘭廳志》也記載：「臘月十六日，街衢名鋪祀土地神，牲醴備極豐盛，謂之尾牙。以前二月二日為頭牙，蓋此為讌飲牙戶及春去留伙計而設。」[60]

　　作尾牙是感謝土地公一年來對信眾的農作收成與事業生意順利的庇佑，所以會比平常的作牙日更為隆重的祭祀，且各公司行號的民眾會在公司、家中或餐廳犒賞員工或是

尾牙民家敬備刈包、水果酬謝土地公庇佑／李秀娥攝

親友聚餐，以慰勞員工一年來的辛勤。傳統習俗中，老闆會在聚餐時將雞頭對準將要被辭職的員工，作為提示。

所以以前有句俗諺：「吃尾牙面憂憂，吃頭牙捻鬍鬚。」因為吃尾牙餐宴時，會不會突然被頭家（老闆）辭退工作還不確定，故心裡會忐忑不安。至於員工能夠吃到頭牙餐宴，則表示新年工作仍有希望，不用擔心，而現代人已較少用雞頭對人來表示要辭退員工了，而且大型企業主往往非常重視尾牙宴會，競相花費鉅資邀請國內外知名的藝人歌手蒞臨表演，也讓員工摸彩抽取尾牙禮品，讓員工開懷歡度尾牙盛宴。

中華民俗藝術基金會尾牙餐宴／謝宗榮攝

商家尾牙拜門口好兄弟／李秀娥攝

商家尾牙祭祀酬神／李秀娥攝

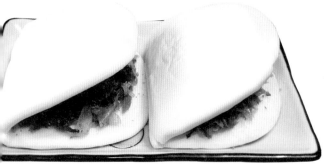

尾牙應節供品刈包／李秀娥攝

作尾牙拜土地公的供品可備牲禮（三牲）、四果，此外，應節的供品則是刈包，麵皮剝開後，中間挾餡料，包括焢肉、酸菜、花生粉，非常可口。拜地基主時，則準備五味碗。

北部拜土地公主要是福金（土地公金）、壽金、刈金和鞭炮，最後鳴砲以示慶祝。拜地基主時則準備刈金（新曆）或銀紙（舊曆），也有人以銀紙和經衣來祭拜。有的廟宇則習慣會在尾牙時，作年尾平安戲酬神。

年尾歌仔戲班演出平安戲
／謝宗榮攝

（四）送神

　　傳說每年農曆的十二月二十四日為「送神日」，民間俗稱「過小年」，也有地方習俗是以十二月廿三日送灶君或送神的。該日是身在人間鑑察人們言行善惡的灶神（灶君），一年一度返回天庭向玉皇上帝稟報人間善惡的重要日子，決定來年人們的吉凶禍福，因此要特別準備相關的祭品獻給灶神，希望祂不要說人們太多的壞話。民間傳說灶君原為玉皇上帝的三太子，因為動了凡心，所以被玉帝懲罰至人間的廚房灶內，終日與婦女相處，幸無不軌之事發生，故日後繼續留在人間作為監察人間言行善惡的地神。故民間流傳的灶神神禡常寫著兩句對聯「上天言好事，下界保平安」或是「有德能司火，無私可達天」。

　　但送神後，次日廿五日即「天神下降日」，會有天神降臨民家，暫時接替灶君之職繼續監察人間善惡，直到正月初四「接神日」，灶神才重返人間繼續其任務。又俗稱「送神風，接神雨」，是期望諸神能有風神協助早些升天；正月初四接神則希望下雨，視之為天神下凡所攜來的甘霖神雨。

　　民間傳說「送神早，接神晚」，所以一般有的會從十二月二十四日子時起，便先祭拜再去睡，好早早送灶神回天庭述職，也使灶神可以上天庭占個好位子；又或是當天一早再祭拜送灶君。傳統中民家皆在廚房灶上牆壁安置灶君神位，以一紙作神禡為主，設一香爐，早晚上香祭拜，所以

司命灶君印刷神禡／謝宗榮攝

當送神日時，供桌多設於該神像前的下方。但後來許多家庭神明廳的神明彩上，多設有灶君神像，故而民家多已不在廚房另設灶君神位，所以送神日時供桌多改設於神明廳前。

供品主要是牲禮（三牲）、水果、甜湯圓、甜粿、糖果、酒、燭等。傳統上特別重視甜食類的供品，希望讓灶君吃到甜頭，就不會向玉帝打人間的小報告；昔日原本供奉紙張印製的神禡灶君在廚房時，還需將祭拜完的湯圓黏在灶君嘴邊，象徵使灶君嘴角生甜；或是將牲禮中的豬油抹在灶君嘴邊，再用酒淋灑在灶君臉上，象徵灶君嘴角油膩已酒足飯飽，就不會向玉帝打人間家戶的小報告了。

送走灶君之後，才可進行「清塵」的打掃活動，神桌上的神像、祖先牌位才可搬動以擦拭灰塵，並清理香爐、去除燭台積累的燭油，家中進行大掃除，以迎接新的一年。大掃除也有掃除一年積累晦氣之意，稱為「清黗」或「清塵」。

中午過後，方可撕下灶君神像曬乾焚化，重新換上一幅新的灶君神像。傍晚則供上三杯清茶、三柱清香，以示敬灶君，且有煥然一新、香火綿延之意。

古俗有「男不拜月，女不祭灶」之說，意即婦女雖然長年在廚房料理三餐，但卻不負責拜廚房灶君，遠古灶君原為女性神，後來則轉換成男性神，民間傳說灶君為美男子，

送神早，接神晏（晚）。

民間傳說「送神早，接神晚」，所以一般有的人會從十二月二十四日子時起，便先祭拜再去睡，好早早送灶神回天庭述職，稟報這一家人一年之間的善惡功過。一般家庭會在正月初四「接神日」請神，原本供奉的灶君將回到凡間，此時會焚燒「雲馬」或「甲馬」紙錢，供神祇作為騰雲駕霧的交通工具。

男女授受不親，故灶君皆由男性祭拜，若萬不得已需由女性負責祭拜時，戴上斗笠讓灶君看不清男女即可；而拜月娘向來皆由女性祭祀，男性則不負責拜月娘，此亦有月神為女性，男女有別，以免褻瀆月神。

送神日當天往往也是謝太歲的好日子，若家中有成員之生肖與該年的值年太歲沖犯，並於該年年初在家中安有太歲者，需於是日先以水果祭拜後再撤除太歲神位，俗稱「謝太歲」；若是在廟中安太歲者，則於是日攜帶水果、金紙到該廟祭拜「謝太歲」。有的廟宇比較慎重的甚至會延請道長執行「謝太歲」的科儀，虔誠敬備香花果品，奉誦經文讀疏文稟報後，恭送太歲星君返回天庭，再將廟中值年太歲星君的神位暫時收起，等到來年安奉太歲時再恭請新任的值年太歲星君安座。

民間有的廟宇在送神日後，會將籤詩桶暫時收起來，因為神明上天庭述職已不在廟中，暫時無法給信眾指示，得等到正月初四接神日請神過後，才再度將籤詩桶取出提供給民眾求取。

我國傳統習俗中，在送神日有一些禁忌，大陸湖北一帶忌宰殺，否則易遭不祥；河南修武一帶忌搗蒜，怕把家給搗窮了；而台灣居民則忌諱舂米，因台島多風，怕把風神給搗下來，造成來年有過多的風災損害。

台南市三山國王廟年底送神封廟門／謝宗榮攝

五 天神下降

　　農曆十二月廿五日為「天神下降日」，這是相傳前一日民間送走灶神等神明上天述職後，天上會另派天神下降來到人間家庭，暫時代替灶神等監察巡視人家善惡與行事功過等，也有說是玉皇上帝率領天神天兵等降臨人間，替代二十四日所送走的神明巡察人間善惡，並且賜予吉祥福氣的。一般在該日傳統的家庭會敬備清茶、果品、甜糖等敬祀神明，而且當天敬香不斷，由不斷冉冉上昇的香煙裊繞廳堂，以示歡迎天神降臨。

　　此日起也需注意家中不可有吵架、打罵等不吉之事，也避免欠債討債還債等事，因為要準備迎接過年的一切事務，要有好吉兆對來年比較好，忌諱欠債、討債與還債之俗，其實也有體恤過年期間欠債者或債主雙方也都需要一筆好大的花費來過年，所以傳統民俗才有忌諱討債、還債、欠債之俗。

古代習俗臘月廿五日婦女開始可以挽面準備迎接新年／謝宗榮攝

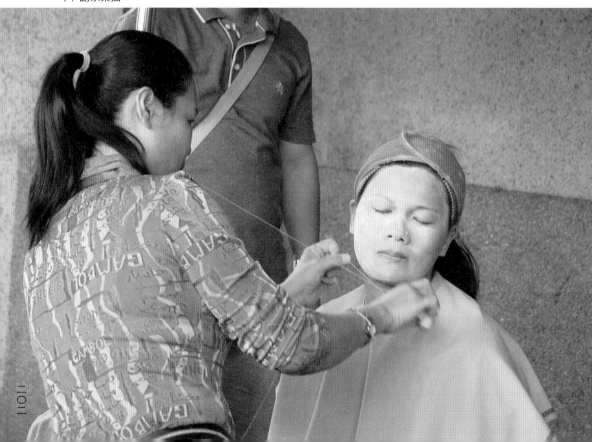

（六）除夕

　　除夕在漢人的歲時節令中，是相當重要的一個大日子，因為它是歲末家人大團圓的最後日子，一早家家戶戶都在準備除舊布新，迎接新的一年到來，因此當天會在家中內外重要部位張貼春聯，增加過年的喜慶氣氛。漢人在歲末年終張貼新的春聯和年畫，習俗由來已久，源於古代「桃符」門神演變而來。

　　根據漢朝蔡邕的《獨斷・卷上》記載：「海中有度朔之山，山上有桃木，蟠屈三千里。卑枝，東北有鬼門，萬鬼所出入也。神荼與鬱壘二神居其門，主領閱諸鬼，其惡害之鬼，執以葦索食虎。故十二月竟，常以先臘之夜，逐除之也，乃畫神荼與鬱壘並懸葦索於門戶，以禦凶也。」[61]意即海上有座度朔山，上面有一株桃樹，樹枝不高，卻彎曲達三千里，而東北方有一鬼門，即八卦中的艮方，所有的鬼從此門出入；且有神荼和鬱壘兩個威猛的神將鎮守著，隨時檢閱出入的眾鬼，倘若看到惡鬼，祂們就用葦繩把惡鬼捆綁起來，餵給老虎吃，故可制住諸鬼的危害，在此更可顯出神獸猛虎的威力。

　　漢代應劭在《風俗通義》卷八除了指出類似神荼和鬱壘二門神及虎可食鬼外，也同樣指出「於是縣官常以臘除夕，飾桃人垂葦菱，畫虎於門，皆追效於前事，冀以衛凶也。」[62]在此可以看出因虎可吃鬼制鬼，所以猛虎的圖像被官民畫於門上，用以驅除邪祟、護宅平安。

門神版畫秦叔寶／謝宗榮攝

門神版畫尉遲恭／謝宗榮攝

除夕時市售布置的吉慶花材／謝宗榮攝

西漢劉安的《淮南子》曾載：「桃符」是以兩塊長約二、三尺，寬約四、五寸的桃木板做成，在木板寫上除禍降福的吉祥話，在新年肇始之時釘於大門兩側，其目的是為了驅鬼辟邪。起初人們在桃符上所寫內容，多是「姜太公在此，百無禁忌」等一類具有厭勝（厭除不祥）辟邪作用的字句、符咒，因此稱為「桃符」。到了五代以後，後蜀宮廷裡才開始在桃符上題對聯，而成為近代「春聯」的先聲。

除夕民家正張貼新的春聯
／李秀娥攝

在「桃符」上畫「神荼、鬱壘」畫像，成為後世門神年畫的起源，而在「桃符」上寫辟邪或吉祥的字句就成為春聯的肇始。春聯又稱為「門對」、「門聯」或「春貼」，是對聯的一種，因在開春之時張貼，故名「春聯」。由桃符演變成為春聯，最早是在五代十國時，根據元代的《宋史・蜀世家》載：「孟昶命學士為題桃符，以其非工，自命筆題云：『新年納餘慶，嘉節號長春』。」即是說五代蜀國後主孟昶，在歲末之時要大學士辛寅遜題桃符板，因為後主認為辛大學士所題的詞句不夠工整，所以就親自提筆寫下一副聯對「新年納餘慶，嘉節號長春」，該副春聯自此便成為我國最早的一副春聯 63。

五代時期雖然已有春聯的出現，但是宋元時期的春聯仍是寫在桃板之上，未脫離桃符的形式，一直到明代以後，才開始流行在紅紙上書寫對聯的形式，也就是近代所見的春聯。據說春聯的正式命名，始於明太祖朱元璋。根據清初陳尚谷的《簪玉樓雜記》記載，朱元璋定都金陵（南京）之後，在某年除夕前下一道聖旨，規定從公卿以至於百姓之家，都必須在門上貼一副春聯；並在

喜慶辟邪的春聯／謝宗榮攝

除夕微服出宮，逐門觀賞各家對聯。有次經過一戶人家，見門上未貼春聯，詢問之下知道這家主人是屠戶不識字，正為了找不到人代寫春聯而發愁，於是皇帝便讓人取來紙墨，提筆寫下了「雙手劈開生死路，一刀割斷是非根。」皇帝為屠戶寫春聯，這當然是野史傳說之事，但也反映出明代民間貼春聯的習俗盛況[64]。

漢人在除夕時，神桌和神明彩會特別打掃潔淨，並準備「辭年」祭拜玉皇上帝、三界眾神、灶神、床母、地基主和祖先等，以感謝這些天地神明、祖先等對家人一年來的平安護佑。慎重者，會在除夕當天子時便開始拜天公謝三界眾神，有的人家則是午前祭拜三界眾神，或是午後祭拜酬謝地基主等。也有的人家則是採除夕夜傍晚以前分別完成酬謝眾神明和祖先的「辭年」祭祀。

當天晚上家人團聚在一起，吃豐盛的火鍋和年夜飯，特別是要吃「長年菜」，取其「長長久久」之意；吃菜頭（白蘿蔔），取「好彩頭」之意；吃魚丸、肉丸、貢丸，取「三元及第」之意；要吃魚，不可吃完要留下一些過新年，象徵「年年有餘」的吉兆；吃豆干，諧音「大官」代表「升官」

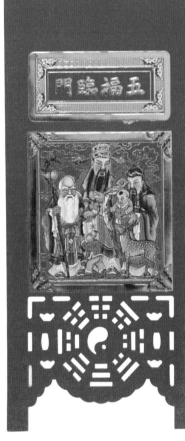

過年張貼的五福門籤／謝宗榮攝

除夕辭年謝神上香／李秀娥攝　除夕傍晚家人一起上香祭祖／李秀娥攝　　除夕祭祖的豐盛供品／李秀娥攝

之意；吃長豆或花生（長生果），表示吃豆吃到老老老，取其長壽之意。

昔日桌下會放一盆爐火，爐的四周再放一些錢幣，象徵家族和財運如爐火般興旺，以及大夥一起吃年夜飯的圍爐火鍋，此即除夕「圍爐」之俗。也有的人家是將象徵財富的錢幣放在圍爐桌子的四周，來台的北方外省人則是盛行吃水餃，水餃裡面還會特別包上錢幣，此也有帶來財富與好運道之意。有些台灣地方年俗也會在後院準備一對帶頭尾青的有節甘蔗，取其「長年蔗」，意寓家人在新的一年可以長長久久、節節高昇之意。

飯後大家聚到廳堂上，長輩坐著，子孫依序向長輩跪地磕頭拜年，長輩再拿紅包一一分給前來跪拜的子孫，此即「分壓歲錢」或稱「分壓年錢」。過年分壓歲錢的歷史相當古老，宋代《燕京歲時記》記載：「以彩繩穿錢，編作龍形覆於床腳，為壓歲錢，尊長之賜小兒者亦謂之壓歲錢。」給壓歲錢在台灣也有祝福之意[65]。

分完壓歲錢後，一般漢人的習俗會相聚小賭一番，或是玩骰子、打麻將、玩撲克牌，或是拿著壓歲錢去逛夜市，採買一些新年新衣物等，小孩子則多拿壓歲錢去買鞭炮煙火，結伴四處玩耍以歡度除夕夜。由於漢人相信除夕夜必須「守歲」，我國守歲的習俗源自於唐代，《東京夢華錄》：「士庶之家，圍爐團坐，達旦不寐，謂之守歲」[66]。所以迄今仍遵守除夕夜守歲的習俗，不可太早睡，要為年長的父母守歲求長壽，所以會玩樂通宵來守歲。

有的民眾會全家大小穿戴整齊帶到祖祠的祠堂上香祭祖，以祈求列祖列宗對來年裔孫闔家大小的庇佑。有的民眾則是半夜到附近的著名廟宇祭拜，準備「搶頭香」，因為部分廟宇會在除夕夜將廟門暫時關閉，並將正殿神明的香爐內清理一番，以紅紙封住，等吉辰一到，再讓信眾湧入搶插第一柱清香。有些廟宇則不盛行或鼓勵「搶頭香」的風俗，怕競搶頭香會發生肢體危險，而是從除夕夜到新正的一整夜都不關廟門，歡迎信眾隨時前往祭拜祈福，向神明上自己今年的第一炷頭香。

過年狗狗也被主人掛上「春」字紅包／謝宗榮攝

有些較傳統的外省人歡度除夕時，則會
拿出平日收藏起來的神明和祖先掛軸，張掛
起來，並敬備牲禮供品祭拜，直到大年初二
才收起來，這種掛軸只有過年期間才會張掛
祭拜。而除夕夜十二時，則會全家吃水餃，
水餃對於外省人即象徵元寶之意，所以吃水
餃有請財神帶來新的一年財運旺盛的好兆頭。

一般民眾祭玉皇上帝時，較傳統的祭拜
方式是供桌分頂下桌（或前後桌）陳設在三
界公爐下或中庭向天處，後來因建築房屋的
改變，多數居民只在門前擺一張供桌而已，
但會在桌腳墊以金紙，以示區別拜天公的尊
貴；拜神明時，則設在神明廳前的供桌上；
拜祖先時，則設在祖先牌位前的供桌上；拜
床母時，設在床上或是在床頭另設小供桌；
拜地基主時，可設在門口或後門朝向屋內祭
拜。

除夕民家拜地基主／李秀娥攝

除夕大廈民家敬祀地基主
／謝宗榮攝

拜玉皇上帝時，準備頂桌清素的六齋或十二齋（素碗）、麵線三束、紅圓、紅牽、水果（尤其是年柑，有的會排成柑塔）、年糕、發粿、甜料和下桌全隻的牲禮、水果、年糕、甜料等；繼而再將供品轉過來拜神明，供桌上先供著長年飯和發粿，上面插著「飯春花」，表示年年有餘（有剩）、發財如意，以及麵線三束，表示長壽；拜祖先時，可用剛才的供品，但須將牲禮剖開，再煮幾道菜飯來祭拜。拜床母時，可用春飯、雞酒；拜地基主時，可準備五味碗、年糕。

拜玉皇上帝時，用天金、大箔壽金、壽金、刈金、福金（土地公金）、高錢和鞭炮等；拜神明時，用大箔壽金、壽金、刈金、土地公金；拜祖先時，用壽金、刈金、銀紙。拜床母時，用床母衣、刈金。拜地基主時，有的居民使用刈金或四方金，有的使用銀紙和更衣（經衣），有的僅使

| 1 | | 3 | 4 | 5 |
| 2 | | | | |

1. 南投市售的過年用春仔花／謝宗榮攝
2. 過年要吃長年菜以祈長長久久／謝宗榮攝
3. 台北市售的過年春仔花／謝宗榮攝
4. 除夕前大街販賣糖果等年貨／謝宗榮攝
5. 南投除夕前商家婦女做紅龜粿、包仔粿來販售／謝宗榮攝

用銀紙。

除夕一到，為除舊布新迎接新的一年來到有好兆頭，一般禁止吵雜，不准搬弄東西發出聲響、不准大聲講話、不准喝斥吵架、不准哭，鼓勵大家說吉利話。當十二月廿五日或是除夕夜圍爐之後，漢人則忌諱討債、還債，據說歲末到新春期間，會有財神到人間賜福，如有討債還債之事，有如把財神送走或福氣外流，會影響未來的財運和福運，故人人忌諱「破財」的壞兆頭。

南投傳統紙製飯春花／謝宗榮攝

註 釋

1. 引自吳瀛濤，2001[1975]，《台灣諺語》，台北：台灣英文出版社，頁 391-392。

2. 碌碡，為犁土用農具，意指六月農夫忙於耕作。芋仔蕃薯，全全劈，意指七月豐收，可剖來供中元祭拜。風箏馬馬哮，指風箏在天空的鳴響。十月十，三界公，來鑒納，意指十月十五下元節，祭拜三界公。十一月，挨圓仔粹，意指冬至搓湯圓來祭拜過節。

3. 引自吳瀛濤，2001[1975]，《台灣諺語》，台北：台灣英文出版社，頁 394-395。

4. 七元，是為七元日或人日，會吃七寶羹或麵線延壽。初八原金，有說要準備好翌日初九拜天公的金紙供品等。十一概概，指當天沒有什麼節目。十二漏尿，指新春期間天天吃美食，而吃壞肚子腹瀉多尿。

5. 引自吳瀛濤，2001[1975]，《台灣諺語》，台北：台灣英文出版社，頁 395-396。

6. 初一場，指新春民間盛行賭博的賭場。初三老鼠娶新娘，是指民間盛傳初三為老鼠娶親日，大家便早早熄燈去睡。初四神下降，為接神日，神明於歲末返回天庭述職後，初四紛紛自天庭再度下凡。十三食暗糜配芥菜，是指新春期間天天吃油膩的大魚大肉後，會在此日改吃清淡的蔬菜稀飯；或是說花了太多錢過新年請客後，要稍微節儉一點了。

7. 張梅雅，2004，〈宗教性燃燈的歷史與功德〉，《大道季刊》第三十四期，第三版。

8. 參考觀世心編著：〈佛門對聯：21 善惡因果〉，見於「佛典妙供」網頁。

9. 李秀娥，2013.8.29 發表，〈為鼠常留飯，憐蛾不點燈〉，耕研居宗教民俗研究室部落格「靜修小品」單元。

10. 孫建君主編，2001，《中國民俗藝術圖說——祥禽瑞獸》，天津：天津人民出版社，頁 165。

11. 感謝友人許嘉勇熱心提供台語拼音法。

12. 感謝友人許嘉勇熱心提供台語拼音法。

13. 任騁，1993 初版，1996 再版，《中國民間禁忌》（中國民俗叢書 1），台北：漢欣文化事業有限公司，頁 638-647；李秀娥，2000，〈年俗禁忌，停看聽〉，《國魂月刊》第 651 期，台北：青年日報社，頁 24-25。

14. 李豐楙、李秀娥、謝宗榮，2000，《文英館藏台灣宗教文物分類圖錄》，台中市：台中市政府文化局文英館，頁 47。

15. 馬書田，1993，《華夏諸神 · 俗神卷》，台北：雲龍出版社，頁 50。

16. 李秀娥，2003，〈燒香求財運，公道在神明——財神的種類與祭祀習俗〉，《傳統藝術》26 期，頁 12。

17. 參考百度百科網頁〈正月初七〉條。

18. 梁 · 宗懍原著，王毓榮校注，1988 初版，1992 二刷，《荊楚歲時記校注》（文史哲大系 6），台北：文津出版社，頁 52-53。

19. 李秀娥，2000，〈年俗禁忌，停看聽〉，《國魂月刊》651 期，頁 24。

20. 陳運棟，1999，《台灣的客家禮俗》。台北：台原出版社，頁 120。

21. 陳運棟，1999，《台灣的客家禮俗》，台北：台原出版社，頁 120。

22. 阮昌銳，1991，《歲時與神誕》，台北市：台灣省立博物館，頁 71。

23. 劉還月，1991，〈添新丁、分喜氣——台灣地區分「新丁餅」的習俗〉，《台灣的歲節祭祀》，台北：自立晚報文化出版部，頁 20-22。

24. 感謝友人許嘉勇熱心提供下列台語拼音法：「攑燈跤，生屜葩。 Nng3/Nui3 ting1-kha1, sinn1/senn1 lan7-pha1.」

25. 參考 content.edu.tw 網站，〈摸春牛：土城聖母廟〉之網頁。

26. 張定婉，2000，〈鬧燈驅邪──鹽水蜂炮、射炮城、炸寒單爺〉，陳玉金主編：《歡樂花燈──提花燈、遊元宵》，台北：雄獅圖書股份有限公司，頁 78。

27. 張定婉，2000，〈鬧燈驅邪──鹽水蜂炮、射炮城、炸寒單爺〉，陳玉金主編：《歡樂花燈──提花燈、遊元宵》，頁 78-79。

28. 張定婉，2000，〈放燈祈願──平溪天燈〉，陳玉金主編：《歡樂花燈──提花燈、遊元宵》，台北：雄獅圖書股份有限公司，頁 80。

29. 參考李秀娥，2011，〈繽紛熱鬧的元宵節〉，「數位島嶼‧萬種風情」電子書《02 民俗采風：多元的宗教、禮俗與生命關懷》數位典藏與數位學習國家型科技計畫拓展台灣數位典藏計畫。

30. 參考台北縣政府民政局編印，2003，〈野柳神明淨港文化祭旅遊護照〉，台北：台北縣政府民政局編印。

31. 維基百科：自由的百科全書網頁，〈苗栗燒龍〉。

32. 參考巫珮琪，2009，文化部《台灣大百科全書》網站「射砲城」條。

33. 引自熊鈍生主編，1980，《辭海》，台北：台灣中華書局，頁 2905。

34. 阮昌銳，《神誕與歲時》（台北：台灣省立博物館，1991 年），頁 303。

35. 此表引自黃文博，1993，〈軍馬百萬千──五營神兵的信仰情結〉，收錄於《台灣信仰傳奇》，頁 42，部份文字筆者略作修改。

36. 有關煎餅堆補天穿傳說之俗，請參考楊玉君，2009，〈一枚煎餅補天穿：談閩南的煎餅補天習俗〉，《2009 閩南文化國際學術研討會論文集》，台南：成功大學，頁 143-154。引自溫宗翰，2013，《台灣端午節慶典儀式與信仰習俗研究》（台灣歷史與文化研究輯刊三編第十二冊），新北市：花木蘭文化出版社，頁 67。

37. 片岡巖著，陳金田譯，1990[1921]，《台灣風俗誌》，台北：眾文圖書公司，頁 602。

38. 方寶璋，2003，《閩台民間習俗》，福建：福建人民出版社，頁 245。

39. 方寶璋，2003，《閩台民間習俗》，頁 246。

40. 參考國立清華大學清蔚園網站，《端午話詩情》〈扒龍船與祭江〉，Teens 田鼠網頁製作。

41. 參考國立清華大學清蔚園網站，《端午話詩情》〈二龍村賽龍舟〉，Teens 田鼠網頁製作。

42. 李豐楙、謝宗榮、李秀娥編撰，《藝文資源調查作業參考手冊──信仰節俗類》，頁 40。

43. 參見嚴立模，〈開天門的由來〉，《大道季刊》第九期，第三版，1997 年。

44. 李秀娥，2002，〈歲時節俗與鄉土藝術〉，收錄於郭博州編著，《台灣鄉土藝術導賞教學手冊》，台北，國立台灣藝術教育館，頁 181。

45. 陳瑞隆編著，1998，《台灣生育冠禮壽慶禮俗》，頁 115-116。

46. 李秀娥，2006，《台灣的生命禮俗─漢人篇》，台北：遠足文化，頁 50-51。

47. 維基百科：自由的百科全書網站，〈中元節與盂蘭盆節〉條。

48. 李豐楙、謝聰輝、李秀娥、謝宗榮、張淑卿，2000，《雞籠慶讚中元——己卯年林姓主普紀念專輯》，基隆：基隆市林姓主普祭典委員會。

49. 鍾仁嫻主編，2001，《義民心鄉土情：褒忠義民廟文史專輯》，新竹：新竹縣政府文化局。

50. 清‧王必昌編修，1993，《重修台灣縣志》中研院漢籍電子文獻，頁399。

51. 上述飯棚和孤棚之孤柱高度，參考林正芳主編，邱彥貴、劉俊廷、姚伯勳、陳詠笙合著，2011，《頭城搶孤：歷史、祭典與工藝》，頭城鎮：宜蘭縣立蘭陽博物館，頁164。

52. 參考蘭陽資訊網「頭城搶孤」網頁，部分內容有誤，已略做修改。

53. 有關歷朝「夕月」之禮的變化，可參看清‧陳夢雷編，1977，《欽定古今圖書集成經濟彙編禮儀典》〈第一百七十九卷日月祀典部彙考一〉、〈第一百八十卷日月祀典部彙考二、三〉，台北：鼎文書局，頁1717-1734。

54. 東方孝義，1995，〈日蝕及月蝕的傳說〉，林川夫編，《民俗台灣》(一)，台北：武陵出版有限公司，頁117-120。

55. 李秀娥，1999，〈中國的月神傳說與信仰〉，《歷史月刊》140期，頁66-73。

56. 殷登國，1984初版，1993二版，《歲時佳節記趣》，台北，世界文物出版社，頁198。

57. 阮昌銳，《神誕與歲時》（台北：台灣省立博物館，1991年），頁299。

58. 宋‧夢元老著，黃驗注，2004，《圖解東京夢華錄》，台北：實學社出版股份有限公司，頁164。

59. 阮昌銳，《神誕與歲時》（台北：台灣省立博物館，1991年），頁299；清‧周璽，1836年版，1993年，《彰化縣志》，南投：台灣省文獻委員會，頁287。

60. 阮昌銳，《神誕與歲時》（台北：台灣省立博物館，1991年），頁303。

61. 漢‧蔡邕撰，1985，《獨斷》，收錄於《漢禮器制度（及其他五種）》（叢書集成初編），北京：中華書局，頁11。

62. 漢‧應劭撰，清。嚴可均輯，《風俗通義》（讀書箚記叢刊第二集，楊家駱主編），台北：世界書局，1975年，頁230。

63. 謝宗榮，2000，〈春聯‧年畫‧迎新春〉，《國魂月刊》第651期，頁20-21。

64. 謝宗榮，2000，〈春聯‧年畫‧迎新春〉，《國魂月刊》第651期，頁21。

65. 林茂賢，1990，〈年俗守則，有夠味！〉，《國魂月刊》第651期，頁18。

66. 宋‧夢元老著，黃驗注，2004，《圖解東京夢華錄》，頁180-181。

2015 年台灣燈會羊年之主燈
／吳漢恩攝

結語

台灣民俗節慶
鬥熱鬧

每逢節慶，許多傳統的民間遊藝陣頭，皆能帶動熱鬧氣氛，隨著觀
賞趣味的轉變，陣頭也見大轉型。

我國歷代天子每逢春分、立春、立夏、夏至、秋分、立秋、冬至、立冬等八節，往往會因應節令率文武百官舉行祀天祭地、敬拜日月星辰山川風雨雷電等超自然神祇，也因為歷代官民「尊天法祖」的傳統，所以我國的朝政能夠在天子服膺陰陽自然運作之道中，獲得「天道」的慈悲護佑，促使「人道」之治也能應時而興，帶給百姓安泰康寧、物阜民豐的生活環境。

　　每逢新春、元宵等歲時節慶屆臨，自古迄今皆是舉國歡騰，許多傳統的民間遊藝陣頭，如舞龍、舞獅、車鼓、南管、北管、高蹺陣、大鼓陣等，皆由民間人士自行籌組參與，帶動歡度節日的熱鬧氣氛，也讓參與者在一片震天價響的鑼鼓嗩吶聲中，伴隨熾熱的鞭炮、絢爛的煙火，營造一個歡度節慶的饗宴。

　　後來隨著民眾觀賞趣味的轉變，陣頭則也有逐漸 Q 版化的趨勢，所以在民俗廟會場合往往會出現許多 Q 版神偶，如 Q 版神將、Q 版三太子、Q 版神童團等，而且也隨著台灣南部電音三太子的出現，甚至揚名國際，而造成台灣民俗廟會陣頭類型上的大轉變。

基隆中元祭普度施食，冥陽兩利、幽陽同歡／謝宗榮攝

李豐楙教授曾指出在農業社會裡，一個「以農立國」的民族自是需要配合節候從事生產，所以勤勞打拚是農人的美德。在七日一週的新制之前，除了官員、軍役等有固定的休沐日外，一般農民多按照自然的節奏而使用節氣，在節日中集體享受節慶之樂。帝制時代儒家官僚形成一套「張弛」的社會生活方式，就是孔子根據射箭經驗所提出的生活智慧，認為「一張一弛，文武之道也。」生產的工作倫理就是「緊張」如弓弦的繃緊，穿著日常工作的「常服」，在日常時間內有效地投入生產勞動。然後在經歷一段時間後，趁著農田事務的餘暇就安排有節日間隔，可以穿著禮服依節日而祭祀。這種非日常的日子就如同歐洲人的節慶（festival），需要經由儀式性的轉變，由一境、一家之人集體參與，為地方或家庭的大事。就如古人所說的「國之大事，在祀與戎」，節慶或廟會的祭祀活動，上至一國以至一境、一家都是集體一群人的大事。從常到非常都是經由服飾下的身心淨化，而由凡俗時間進入節慶期間，也進入既神聖又歡樂的狂歡氣氛中[1]。

　　所以我國傳統的歲時節俗在人們的生活中，不僅可以凝聚家人、社區、村落、社會、到國家的各個成員間，相

宗祠為子孫對列祖列宗表達慎終追遠之處。圖為南投市謝姓宗祠德馨祠／謝宗榮攝

互依存的情感，使平日因各自繁忙而疏遠的情感，在歲時節慶來臨時重新凝聚起來，增強彼此的人際網絡、交誼的情感互動，也使得人們的身心得以重新洗滌淨化與舒解，獲得新的能量再次投入日常的生活運作，這樣的循環與調節，對於社會的穩定具有相當重要的貢獻。

在國人日常或節慶的日子裡，人們往往根據農民曆的記載，而進行日常生活的農、漁、牧等作業，和婚喪喜慶懷孕生子等的宜忌剋擇原理，讓民眾的生活行事有所依據，使得生活中的不安定感、不確定感，可以獲得心理上的慰藉與安頓。而在每日行事的參照依據下，歲時節令也隨之推展鋪陳開來，祭祀天地神靈、先聖先祖，以及孤魂滯魄等，期望罪愆宥赦，獲得賜福，帶來闔家平安、身體康泰、事業昌隆、團圓美滿。

所以民眾的日常生活與民俗節慶活動，也符合人們生活節奏中「一張一弛」的文武之道，日常的工作屬於緊張繁忙的狀態，而節慶則屬於休閒的鬆弛狀態，可以舒緩平日緊張與充滿壓力的工作情緒。此外，節慶的餘暇也具有讓人們身心舒緩宣洩壓力的解放功能，所以人們莫不期望祀神拜鬼的民俗節慶的來臨，好讓平淡的日常生活，轉換成充滿各種藝術與工藝之美，以及傳統民俗之美，享用著各式節慶飲食，以及參與或觀賞趣味民俗競賽的豐盛節慶，而此種歲時節慶的活動也充滿著濃濃的人情味、凝聚著家族與社區居民間的溫馨情感，也讓眾人深深感戴天地眾神與歷代祖先之德，共同護佑著芸芸眾生平安康泰、福壽綿長、財祿興旺、圓滿幸福的美好人生。

新春賀正子孫團聚南投德
馨祠祭祖祈福／謝宗榮攝

註 釋

1.　李豐楙，2004，《台灣節慶之美》，宜蘭：國立傳統藝術中心，頁 14。

台北縣政府文化局編

2001，《台北縣文化曆》，台北：台北縣政府文化局。

台北縣政府民政局編印

2003，〈野柳神明淨港文化祭旅游護照〉，台北：台北縣政府民政局編印。

方寶璋

2003，《閩台民間習俗》，福建：福建人民出版社，頁246。

王必昌編修（清）

1993，《重修台灣縣志》中研院漢籍電子文獻，頁399。

孔安國傳（漢），孔穎達疏（唐）

1981，《尚書‧堯典》注疏卷第二，《十三經注疏》1，台北：藝文印書館。

片岡巖 原著、陳金田 譯

1994[1921]，《台灣風俗誌》，台北：眾文圖書公司。

任騁

1996[1993]，《中國民間禁忌》（中國民俗叢書1），台北：漢欣文化事業有限公司。

百度百科網頁

N.D.，〈正月初七〉條。

李亦園

1996，〈第二十四章 神靈與鬼魅〉，收錄於《文化與修養》，台北：幼獅文化事業公司，頁158-164。

李永匡、王熹

1995，《中國節令史》，台北：文津出版。

李秀娥

1999a，〈中國的月神傳說與信仰〉，《歷史月刊》140期，頁66-73。

1999b，〈祀天祭地──現代祭拜禮俗〉，台北：博揚文化事業有限公司。

2000a，〈賞燈熱鬧──寺廟燈會、台北燈會〉，陳玉金主編：《歡樂花燈──提花燈、遊元宵》，台北：雄獅圖書股份有限公司，頁74。

2000b，〈乞龜平安〉，陳玉金主編：《歡樂花燈──提花燈、遊元宵》，台北：雄獅圖書股份有限公司，頁75-76。

2000c，〈過火神祭、迎神洗港──野柳神轎過港〉，陳玉金主編：《歡樂花燈──提花燈、遊元宵》，台北：雄獅圖書股份有限公司，頁77。

2000d，〈年俗禁忌，停看聽〉，《國魂月刊》651期，頁23-25。

2002，〈歲時節俗與鄉土藝術〉，收錄於郭博州編著：《台灣鄉土藝術導賞教學手冊》，台北：國立台灣藝術教育館，頁164-195。

2003a，〈燒香求財運，公道在神明──財神的種類與祭祀習俗〉，《傳統藝術》26期，頁8-13。

2003b，《台灣傳統生命禮儀》（台灣民俗藝術8），台中：晨星出版社。

2006，《台灣的生命禮俗──漢人篇》，台北：遠足文化，頁50-51。

2007〈台灣閩南人的歲時節俗及其民俗意涵〉，彰師大「與傳統對話：民間文化的當代觀照」學術研討會發表論文，2007.8.3發表。收錄於林明德總策劃，《台灣新生代視野──當代的民間文化觀照》。台北市：里仁書局，頁297-331。

2011，〈繽紛熱鬧的元宵節〉，「數位島嶼‧萬種風情」電子書《02民俗采風：多元的宗教、禮俗與生命關懷》數位典藏與數位學習國家型科技計畫拓展台灣數位典藏計畫。

2013a，〈慶讚中元──臺灣的民俗藝術饗宴〉，《傳藝》雙月刊第106期，頁38-47。

2013b，8月29日發表，〈為鼠常留飯，憐蛾不點燈〉，耕研居宗教民俗研究室部落格「靜修小品」單元。

李豐楙

1993，《雞籠中元祭祭典儀式專輯》，基隆：基隆市政府。

1998，《過節日：台灣的傳統節慶》，台北：文建會策畫出版，雄獅圖書發行。

2004，《台灣節慶之美》，宜蘭：國立傳統藝術中心。

李豐楙、謝宗榮、李秀娥

1998，《藝文資源調查作業參考手冊──信仰節俗類》，台北：文建會。

李豐楙、謝聰輝、李秀娥、謝宗榮、張淑卿

2000，《雞籠慶讚中元──己卯年林姓主普紀念專輯》，基隆：基隆市林姓主普祭典委員會。

巫珮琪

2009，文化部《台灣大百科全書》網站「射砲城」條。

東方孝義

1995，〈日蝕及月蝕的傳說〉，林川夫編，《民俗台灣》（一），台北：武陵出版有限公司，頁117-120。

呂理政

1990，《天、人、社會》，台北：稻香出版社。

吳瀛濤

1994[1970]，《台灣民俗》，台北：眾文圖書公司。

2001[1975]，《台灣諺語》，台北：台灣英文出版社。

阮昌銳

1991，《歲時與神誕》，台北：臺灣省立博物館。

2011，《新北市口述歷史‧民俗類：野柳神明淨港口述歷史》，新北市：新北市政府。

宗懍原著（梁），王毓榮校注

1992[1988]，《荊楚歲時記校注》（文史哲大系6），台北：文津出版社。

林正芳主編，邱彥貴、劉俊廷、姚伯勳、陳詠笙合著

2011，《頭城搶孤：歷史、祭典與工藝》，頭城鎮：宜蘭縣立蘭陽博物館。

林明峪

1995，《台灣民間禁忌》，台北：聯亞出版社。

林茂賢

2000，〈年俗守則，有夠味！〉，《國魂月刊》651：17-19。

洪進鋒

1990，《台灣民俗之旅》，台北：武陵出版社。

財團法人台灣首廟天壇董事會敬贈

2001，《台灣首廟天壇中華民國九十年農民曆》。台南：財團法人台灣首廟天壇董事會印贈。

馬以工

1991，《中國人傳承的歲時》，台北：十竹書屋。

孫建君主編

2001，《中國民俗藝術圖說──祥禽瑞獸》，天津：天津人民出版社。

徐福全

1995[1990]，《台灣民間祭祀禮儀》，新竹：台灣省新竹社會教育館印行。

1999，〈談燒金紙〉，《大道季刊》第十四期，第二版。

2004，〈過年與拜神〉，《大道季刊》第三十四期，第三版。

殷登國

1993[1984]，《歲時佳節記趣》，台北，世界文物出版社。

清蔚園（網站）

年代不詳，《端午話詩情》〈扒龍船與祭江〉，國立清華大學 Teens 田鼠網頁製作。

年代不詳，《端午話詩情》〈二龍村賽龍舟〉，國立清華大學 Teens 田鼠網頁製作。

張定婉

2000a，〈鬧燈驅邪──鹽水蜂炮、射炮城、炸寒單爺〉，陳玉金主編：《歡樂花燈──提花燈、遊元宵》，台北：雄獅圖書股份有限公司，頁 78-79。

2000b，〈放燈祈願──平溪天燈〉，陳玉金主編：《歡樂花燈──提花燈、遊元宵》，台北：雄獅圖書股份有限公司，頁 80。

張梅雅

2004，〈宗教性燃燈的歷史與功德〉，《大道季刊》第三十四期，第三版。

張懿仁

1996，《金銀紙藝術》，苗栗：苗栗縣政府編印。

陳瑞隆編著

1998，《台灣生育冠禮壽慶俗》，台南：世峰出版社。

陳夢雷編（清）

1977，《欽定古今圖書集成經濟彙編禮儀典》，台北：鼎文書局。

陳運棟編著

1999[1991]，《台灣的客家禮俗》。台北：臺原出版社。

黃文博

1993 年，〈軍馬百萬千──五營神兵的信仰情結〉，黃文博：《台灣信仰傳奇》，台北：臺原出版社，頁 39-51。

鈴木清一郎原著，高賢治、馮作民編譯

1984[1934]，《台灣舊慣習俗信仰》，台北：眾文圖書公司。

楊玉君

2009，〈一枚煎餅補天穿：談閩南的煎餅補天習俗〉，《2009 閩南文化國際學術研討會論文集》，台南：成功大學，頁 143-154。

溫宗翰

2013，《臺灣端午節慶典儀式與信仰習俗研究》（臺灣歷史與文化研究輯刊三編第十二冊），新北市：花木蘭文化出版社。

維基百科（自由的百科全書）網站

〈臺灣燈會〉，維基百科（自由的百科全書）網站。

熊鈍生主編

1980，《辭海》，台北：台灣中華書局，頁 2905。

劉還月

1991，〈添新丁、分喜氣──台灣地區分「新丁餅」的習俗〉，《台灣的歲節祭祀》，台北：自立晚報文化出版部，頁 19-29。

蔡 邕（漢）

1985，〈獨斷〉，收錄於《漢禮器制度（及其他五種）》（叢書集成初編），北京：中華書局。

應劭撰（漢），嚴可均輯（清）

1975，《風俗通義》（讀書箚記叢刊第二集，楊家駱主編），台北：世界書局。

謝宗榮

2000，〈春聯‧年畫‧迎新春〉，《國魂月刊》651：20-22，台北：青年日報社。

謝宗榮、李秀娥

2004，〈續修台北縣志‧卷三‧住民志第四篇（下）漢人禮俗〉，台北：台北縣政府文化局委託（未刊稿）。

鍾仁嫻主編

2001，《義民心鄉土情：褒忠義民廟文史專輯》，新竹：新竹縣政府文化局。

蘭陽技術學院（執行）

2008《頭城搶孤民俗保存與文化創意產業結合之研究》，宜蘭：國立臺灣傳統藝術總處籌備處委託。

蘭陽資訊網

2013「頭城搶孤」網頁。

觀世心編著

〈佛門對聯：21 善惡因果〉，見於「佛典妙供」網頁。

content.edu.tw 網站

1987，〈摸春牛：土城聖母廟〉，content.edu.tw 網站。

國家圖書館出版品預行編目資料

圖解台灣民俗節慶 / 李秀娥著.
-- 初版. -- 台中市：晨星，2015.05
　面 ； 　公分. --（圖解台灣 ；7）
ISBN 978-986-177-985-0(平裝)

1.歲時習俗 2.節日 3.民俗活動

538.59　　　　　　　　　　　　　104002749

圖解台灣　07
圖解台灣民俗節慶

作者	李 秀 娥
攝影	謝 宗 榮 、 李 秀 娥 、 李 燦 郎
主編	徐 惠 雅
執行主編	胡 文 青
插畫	王 顧 明 、 李 岱 玲
美術設計	陳 正 桓
封面設計	李 一 民

創辦人	陳銘民
發行所	晨星出版有限公司
	台中市407工業區30路1號
	TEL：04-23595820　FAX：04-23550581
	E-mail：service@morningstar.com.tw
	http://www.morningstar.com.tw
	行政院新聞局局版台業字第2500號
法律顧問	陳思成律師
初版	西元2015年05月20日
郵政劃撥	22326758（晨星出版有限公司）
讀者服務專線	04-23595819#230

印刷	上好印刷股份有限公司

定價 450 元
ISBN 978-986-177-985-0
Published by Morning Star Publishing Inc.
Printed in Taiwan

◆ 讀 者 回 函 卡 ◆

以下資料或許太過繁瑣，但卻是我們了解您的唯一途徑
誠摯期待能與您在下一本書中相逢，讓我們一起從閱讀中尋找樂趣吧！

姓名：＿＿＿＿＿＿＿＿＿＿＿　　性別：□ 男　□ 女　　生日：　／　／

教育程度：＿＿＿＿＿＿＿＿

職業：□ 學生　　　　□ 教師　　　　□ 內勤職員　　□ 家庭主婦
　　　□ SOHO 族　　□ 企業主管　　□ 服務業　　　□ 製造業
　　　□ 醫藥護理　　□ 軍警　　　　□ 資訊業　　　□ 銷售業務
　　　□ 其他＿＿＿＿＿＿＿＿＿＿＿

E-mail：＿＿＿＿＿＿＿＿＿＿＿＿＿＿＿　聯絡電話：＿＿＿＿＿＿＿＿＿

聯絡地址：□□□＿＿＿＿＿＿＿＿＿＿＿＿＿＿＿＿＿＿＿＿＿＿

購買書名：圖解台灣民俗節慶

‧本書中最吸引您的是哪一篇文章或哪一段話呢？＿＿＿＿＿＿＿＿＿＿＿＿＿

‧誘使您購買此書的原因？

□ 於 ＿＿＿＿ 書店尋找新知時　□ 看＿＿＿＿ 報時瞄到　□ 受海報或文案吸引
□ 翻閱＿＿＿＿ 雜誌時　□ 親朋好友拍胸脯保證　□＿＿＿＿ 電台 DJ 熱情推薦
□ 其他編輯萬萬想不到的過程：＿＿＿＿＿＿＿＿＿＿＿＿＿＿＿＿

‧對本書的評分？（請填代號：1. 很滿意 2. OK 啦！ 3. 尚可 4. 需改進）

封面設計 ＿＿＿＿　版面編排＿＿＿＿　內容＿＿＿＿　文／譯筆 ＿＿＿＿

‧美好的事物、聲音或影像都很吸引人，但究竟是怎樣的書最能吸引您呢？

□ 價格殺紅眼的書　□ 內容符合需求　□ 贈品大碗又滿意　□ 我誓死效忠此作者
□ 晨星出版，必屬佳作！　□ 千里相逢，即是有緣　□ 其他原因，請務必告訴我們！

＿＿＿＿＿＿＿＿＿＿＿＿＿＿＿＿＿＿＿＿＿＿＿＿＿＿＿＿

‧您與眾不同的閱讀品味，也請務必與我們分享：

□ 哲學　　　□ 心理學　　□ 宗教　　　□ 自然生態　□ 流行趨勢　□ 醫療保健
□ 財經企管　□ 史地　　　□ 傳記　　　□ 文學　　　□ 散文　　　□ 原住民
□ 小說　　　□ 親子叢書　□ 休閒旅遊　□ 其他＿＿＿＿＿＿＿＿＿＿＿＿

以上問題想必耗去您不少心力，為免這份心血白費

請務必將此回函郵寄回本社，或傳真至（04）2359-7123，感謝！
若行有餘力，也請不吝賜教，好讓我們可以出版更多更好的書！

‧其他意見：

晨星出版有限公司 編輯群，感謝您！

請填妥後對折裝訂，直接投郵即可，免貼郵票。

407

台中市工業區 30 路 1 號

晨星出版有限公司

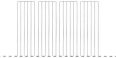

請沿虛線摺下裝訂，謝謝！

填問卷，送好禮：

凡填妥問卷後寄回，只要附上 60 元郵票（工本費），我們即贈送好書禮：《版畫台灣》一書，限量送完為止。

f 搜尋／ 晨星圖解台灣 🔍

以圖解的方式，輕鬆解說各種具有台灣元素的視覺主題，並涵蓋各時代風格，其中包含建築、美術、日常用品、食品、平面設計、器物⋯⋯以及民俗、歷史活動等物質與精神的文化。趕快加入【晨星圖解台灣】FB 粉絲團，即可獲得最新圖解知識以及活動訊息。

晨星出版有限公司編輯群，感謝您！

贈書洽詢專線：04-23595820 #113

圖解台灣
TAIWAN

圖解台灣
TAIWAN